MW01608391

LES SEPT DONS DU SAINT-ESPRIT

DU MÊME AUTEUR

Guy de Fontgalland (1913-1925), un sacrifice de louange, Le Sarment, coll. « Lumière », 1998.

On demande des parents, Le Sarment, coll. « Guides Totus », 2000.

Connaître et aimer sa vocation, Le Sarment, 2002.

Saint-Wandrille, un moine carolingien, Éd. Charles-Corlet, 14110 Condé-sur-Noireau, 2002.

Un ange pour Jésus : Guy de Fontgalland, Téqui, coll. « Petits Pâtres », 2003.

Les étoiles d'Abraham, Téqui, coll. « Les Sentinelles », 2003.

L'abbé Franz Stock, sentinelle de la paix, Téqui, coll. « Les Sentinelles », 2003.

Ludovic Lécuru

Les sept dons
du Saint-Esprit

Vie spirituelle

Éditions de l'Emmanuel

Nihil obstat.
Saint-Wandrille, le 27 août 2002.
Fr. Rob Bovendeaard, cens. dep.

Imprimi potest.
Saint-Wandrille, le 27 août 2002.
Fr. Pierre Massein, abbé.

Imprimatur.
Rouen, le 2 septembre 2002.
P. Pascal Wintzer, vic. gén.

© Éditions de l'Emmanuel, 2002
26, rue de l'Abbé Grégoire, 75006 Paris
ISBN 2-914083-71-8
ISSN 1297-9473

À Éloi B.,
qui « adore » le Saint-Esprit.

À Renaud S.,
Henri de C.
et Xavier L. S.,
pour leur vie spirituelle.

INTRODUCTION

« IL SAIT TOUT CE QUE TU NE SAIS PAS »

Fier d'avoir été choisi comme parrain de confirmation, Augustin écrit à Alban, son futur filleul : « L'Esprit Saint, il sait tout ce que tu sais et tout ce que tu ne sais pas. » Cette phrase reçue au courrier, résume toute la place que tient l'Esprit de Dieu dans la vie chrétienne.

Cependant, à la différence des deux autres Personnes de la Trinité, il n'est pas aisé de parler de l'Esprit Saint. Dans l'Évangile, le Père fait « entendre sa voix » (Mc 1, 11). Jésus s'adresse de très nombreuses fois à lui tout au long de son ministère terrestre. Il nous manifeste l'amour du Père et sa volonté de nous sauver. Surtout, Jésus nous apprend à prier Dieu en l'appelant « Notre Père ».

Quant à Jésus, nous savons selon ses propres termes qu'il est le « Fils ». Grâce aux évangélistes, nous connaissons sa vie, son enseignement, ses actes. Le Fils de Dieu s'est « fait homme », comme nous. Il s'est fait chair et a revêtu notre condition humaine. Peut-il y avoir une intimité plus grande entre lui et nous ?

Mais l'Esprit Saint ? Parce que le mot « esprit » évoque ce qu'il y a de plus immatériel, d'impalpable,

certains fidèles seraient tentés de laisser l'Esprit Saint
de côté, et de se tourner uniquement vers le Père et
le Fils. C'est tout le contraire de ce qu'éprouve Éloi,
dix ans, à qui l'on demande : « Éloi, que penses-tu de
l'Esprit Saint ? » – « L'Esprit Saint ? J'adore ! » C'est
une réponse dont le sens est tout entier contenu dans
le *Credo*, lequel affirme que l'Esprit est « Seigneur et
donne la vie. Avec le Père et le Fils, il reçoit même
adoration et même gloire. Il a parlé par les prophètes. »

Pour pallier l'invisibilité de l'Esprit Saint, de nombreuses images évoquent son action : le vent, l'eau
vive, le feu et la lumière, l'huile, la colombe. Ces
concepts répondent à notre sensibilité humaine. Ils
expriment l'action apaisante (le vent), vivifiante
(l'eau), éclairante (le feu), fortifiante (l'huile), rassu-
rante (la colombe) de l'Esprit Saint. Mais sont-ils
suffisants ? Si l'on prend le temps de lire l'Évangile,
on constate que l'Esprit Saint agit « en direct » dans la
vie du Christ. Dès l'Incarnation, « l'Esprit Saint
couvre Marie de son ombre » pour qu'elle enfante le
Sauveur des hommes (Lc 1, 35).

L'Esprit Saint apparaît sous la forme d'une
colombe lors du baptême de Jésus (cf. Mt 3, 16),
avant de le conduire au désert (cf. Mt 4, 1). Plus tard
dans sa vie terrestre, Jésus « tressaille de joie sous
l'action de l'Esprit Saint » et bénit son Père de révéler
sa Parole à ceux qui ont le cœur assez pur et humble
pour l'accueillir (cf. Lc 10, 21). Enfin, à l'heure de sa
Passion, Jésus ne cesse de promettre la venue de
l'Esprit Saint sur ses apôtres. Promesse qu'il réalise
le soir de la Résurrection avant de la manifester aux
yeux du monde cinquante jours plus tard. Nul doute
que l'Esprit Saint est au cœur de la vie du Christ.

Dès l'Ancien Testament, l'Écriture décrit l'œuvre de l'Esprit de Dieu en termes différents mais absolument complémentaires : l'Esprit Saint est la sagesse du Messie, son conseil, sa force, sa crainte de Dieu, sa connaissance et son intelligence.

Pourquoi cette liste ? L'Esprit Saint est-il compartimenté ? Est-il donné « en kit » ? Les dons se reçoivent ensemble parce que l'Esprit est *Un*. Mais comment, ensemble, ces dons apportent-ils à chaque chrétien les grâces nécessaires pour guider et inspirer sa vie selon sa vocation d'enfant de Dieu ? Le Père nous envoie l'Esprit qui l'unit à son Fils. L'Esprit devient notre guide intérieur et va nous vivifier d'une vie nouvelle. À la suite du péché originel, le don de l'Esprit ne rend pas seulement notre vie saine et sauve, mais sainte et sauvée.

L'action des dons du Saint-Esprit, distincte et commune à la fois, mérite vraiment que l'on s'y arrête.

1

ESPRIT, ES-TU LÀ ?

De six à sept

« Sur lui reposera l'Esprit du Seigneur : esprit de sagesse et d'intelligence, esprit de conseil et de force, esprit de connaissance et de crainte » (Is 11, 2). Le prophète Isaïe ne mentionne que six esprits reposant sur le Messie. Le premier cité est l'esprit de sagesse. Les cinq autres esprits – ou dons – ne font que détailler les qualités que cette sagesse communique.

La raison pour laquelle on est passé du nombre six du prophète Isaïe au nombre sept de la liturgie, remonte aux IIIe et IIe siècles avant Jésus-Christ. À cette époque, en effet, Ptolémée II Philadelphe (285-246) invita soixante-douze savants juifs à Alexandrie et leur demanda de traduire la Bible en grec. Cette traduction était destinée aux descendants du peuple juif dispersés dans tout le Bassin méditerranéen. Si l'on en croit Aristobule, juif égyptien du IIe siècle av. J.-C., ces soixante-douze traducteurs, pourtant isolés les uns des autres, aboutirent à une version absolument identique.

Voilà pour la légende. La réalité est un peu différente. Cette traduction s'opéra sur une période beaucoup plus longue. Un grand nombre de livres de la Bible ne furent traduits qu'un siècle plus tard, notamment le livre d'Isaïe. Parvenus au passage relatif au Messie, ces traducteurs voulurent exprimer l'attitude religieuse contenue dans le terme hébreu *yir'áh*, (peur, frémissement), par deux mots différents : crainte et piété. Dieu est le Tout-Autre, le Tout-Différent. On ne peut le voir et vivre (cf. Ex 33, 20). La tradition biblique a toujours considéré la proximité avec Dieu comme un risque mortel : «Malheur à moi, dit Isaïe, je suis perdu ! Mes yeux ont vu Yahvé» (Is 6, 4 ; cf. Jg 13, 22-23). Or, en différenciant le saisissement, voire l'impression de danger que l'on éprouve devant Dieu, d'une ferveur filiale éprouvée en sa présence, ces traducteurs ont comme constitué un nouveau «don du Saint-Esprit». L'auteur du livre de l'Apocalypse consacre cette énumération lorsqu'il évoque «les sept lampes de feu qui brûlent devant le trône, les sept esprits de Dieu» (Ap 4, 5).

Le don par excellence

Dans la Bible, le nombre sept exprime la plénitude et la surabondance. En citant le prophète Joël le jour de la Pentecôte – «Je répandrai mon Esprit sur toute chair» (3, 1) –, Pierre évoque l'unique Esprit de Dieu reposant sur Jésus et dont la manifestation s'est faite lors de son baptême dans le Jourdain sous l'apparence visible d'une colombe. Celle-ci est demeurée le symbole de la présence de l'Esprit Saint, comme l'a bien compris Xavier, six ans. Après avoir vu Jean-Paul II lâcher une colombe de la fenêtre de ses appartements, place Saint-Pierre, il fit ce commentaire à son père : «Ça y est, il vient de lâcher l'Esprit Saint !»

Au moment de passer de ce monde à son Père, Jésus promet l'Esprit Saint à ses apôtres. Il l'appelle le *Paraclet*, mot qui signifie : «avocat», «soutien». Ici-bas, l'Esprit Saint rend témoignage à Jésus (cf. Jn 15, 26). Il est son défenseur et actualise sa présence. Durant sa mission sur terre, les paroles et les miracles de Jésus ne se distinguent guère de la mission de l'Esprit Saint. Aussi, pour que ce dernier soit répandu et reconnu par les croyants, il faut que Jésus s'en aille : « Si je ne pars pas, le Paraclet ne viendra pas vers vous » (Jn 16, 7). Cette remarque de Jésus ne signifie pas qu'il existe une concurrence entre lui et l'Esprit. Simplement, Jésus laisse entendre qu'après la Pentecôte, la communauté des croyants reconnaîtra la mission particulière de l'Esprit dans l'histoire du salut. À son sujet, Jésus n'annonce pas : « Vous le sentirez », mais : « Il vous enseignera tout » (Jn 16, 13). Nous ne connaissons l'Esprit Saint que dans la mesure où nous laissons son œuvre de conversion s'accomplir en nous.

Si le don de l'Esprit Saint est manifesté à la Pentecôte, cinquante jours après Pâques, il a déjà été donné sur la Croix. À ce moment de l'histoire du salut, le Père donne son Fils. En réponse, le Fils s'offre au Père pour le salut des hommes. Dans ce don mutuel, tous deux font le don de l'Esprit Saint au monde. Le Père, le Fils et le Saint-Esprit agissent dans une unité parfaite : le Père crée, le Fils sauve et l'Esprit Saint sanctifie. On pourrait dire que la vie du Père frémit en nous, que le sang du Fils coule en nous, et que l'Esprit de Dieu donne souffle et sainteté à notre humanité.

Les dons du Saint-Esprit
ont leur racine dans le baptême

Nous oublions trop facilement l'œuvre de l'Esprit Saint dans notre vie. La remarque des premiers disciples n'a rien perdu de son actualité : «Nous n'avons jamais entendu dire qu'il y avait un Esprit Saint» (Ac 19, 2). Comment l'Esprit Saint opère-t-il en nous? Comment nous révèle-t-il l'amour de Dieu? Est-il vraiment l'artisan de notre foi, de notre espérance et de notre charité? Ces questions reviennent à nous interroger sur la réalité de notre baptême.

Dès le jour de la Pentecôte, l'Église a célébré le baptême. À tous ceux qui voulaient adhérer au Christ, les apôtres conféraient le baptême selon le commandement du Seigneur : «Allez dans toutes les nations! Faites des disciples et baptisez-les au nom du Père et du Fils et du Saint-Esprit!» (Mt 28, 19).

Ainsi, à l'origine de l'expérience des dons du Saint-Esprit dans notre vie, se trouve le baptême. «La Très Sainte Trinité donne au baptisé la grâce sanctifiante qui [...] lui donne de pouvoir vivre et agir sous la motion de l'Esprit Saint par les *dons du Saint-Esprit*[1].» Saint Paul affirme : «Ceux-là sont enfants de Dieu qui se laissent conduire par l'Esprit de Dieu» (Rm 8, 14). Cependant, le baptême n'est pas un acte final dans la vie chrétienne. Tandis que le baptême fait participer à la mort et à la résurrection du Christ, la confirmation, quant à elle, actualise la Pentecôte, l'effusion de l'Esprit Saint et associe le baptisé à la mission du Christ. Résurrection et Pentecôte sont deux événements aussi indissociables dans la vie du Christ que dans celle de l'Église et de chacun de ses membres. Par le don de l'Esprit Saint, le baptême permet de *devenir* disciple du Christ. La grâce du sacrement de confirmation

---

1. *Catéchisme de l'Église catholique*, 1266 (désormais *CEC*, suivi du numéro correspondant).

permet de *vivre* en témoin fidèle du Christ[2]. Elle ordonne la vie du disciple à la mission. Le don de l'Esprit Saint contient tous les autres dons nécessaires à la vie chrétienne. Il agit à l'intime de notre cœur. Le cœur, dans le langage de la Bible, signifie le centre de l'existence humaine, le point de contact entre l'intelligence et la volonté, le lieu intérieur où la personne trouve son unité et son équilibre. Il est le centre qui informe toute l'existence. Ainsi, les dons du Saint-Esprit agissent sur toutes les facultés de notre être : ses forces et ses énergies (le corps), sa sensibilité, son affectivité, ses émotions (le cœur), son intelligence, son imagination, sa volonté (l'esprit).

Le don de crainte nous met devant l'amour infini de Dieu. Il nourrit en nous l'abandon et l'adoration caractérisés par l'esprit d'enfance.

Le don de piété nous fait crier : « *Abba*, Père ! » Il nous incite à répondre par nos actes à la tendresse et à la douceur de Dieu. Don de crainte et don de piété sont indissociables.

Le don de conseil nous fait voir, sans erreur ni hésitation possible, l'attitude que l'amour de Dieu et du prochain réclame de nous. Il nous dit ce qu'il faut faire dans telle situation particulière, souvent inattendue.

---

2. Si, dans l'Église d'Occident, l'évêque est le ministre de la confirmation, c'est parce que l'achèvement du baptême lui est réservé (cf. *CEC* 1290). Lors de la confirmation, il reprend le geste des apôtres de l'imposition des mains sur les confirmands et prononce, entre autres, les paroles suivantes : « Comme tu l'as promis, répands maintenant sur eux ton Esprit Saint. Donne-leur en plénitude l'Esprit qui reposait sur ton Fils Jésus : esprit de sagesse et d'intelligence, esprit de conseil et de force, esprit de connaissance et d'affection filiale ; remplis-les de l'esprit d'adoration. »

Le don de force nous apporte la patience et la constance afin de lutter contre tout ce qui nous empêche d'accomplir la volonté de Dieu. Il nous apporte l'enthousiasme[3] indispensable à notre vie de disciple et de témoin du Christ.

Le don d'intelligence nous permet de comprendre la Parole de Dieu et l'enseignement de l'Église, et d'en faire les vrais guides pour notre vie.

Le don de connaissance (ou de *science*) nous fait prendre conscience qu'à la différence des choses créées, éphémères et imparfaites, Dieu seul peut combler les aspirations présentes dans le cœur de l'homme. Il nous aide à déchiffrer la Providence de Dieu révélée par les événements de notre vie.

Le don de sagesse nous unit à la volonté de Dieu. Il nous donne d'aimer ce qu'il aime, de la manière dont il l'a créé et pour la fin qu'il lui a assignée. Il nous donne le goût des choses de Dieu.

L'Esprit Saint fait grandir en nous les vertus théologales

«Les vertus théologales fondent, animent et caractérisent l'agir moral du chrétien [...] Il y a trois vertus théologales : la foi, l'espérance et la charité[4].» «Mais la plus grande d'entre elles, c'est la charité» (1 Co 13, 13).

Dans le domaine de la vie spirituelle, n'est authentique que ce qui est fait pour Dieu, avec Dieu et par Dieu. Qui faut-il croire, espérer et

3. Au sens étymologique du terme : *en theô₀*, en Dieu.
4. *CEC* 1813.

aimer ? Dieu. Qui nous donne de croire, d'espérer et d'aimer ? Dieu. « Car tout est de lui, et par lui et pour lui » (Rm 11, 36).

Dieu est tout à la fois la source, le motif et l'objet des vertus théologales. Elles sont appelées théologales parce qu'elles sont divines. Elles trouvent leur origine en Dieu, qui rend leur pratique possible en nous accordant la grâce de croire, d'espérer et d'aimer. Ces vertus sont appelées également *infuses*, c'est-à-dire données par Dieu lui-même lors du baptême en vue d'adapter les facultés de l'homme à sa vocation à la sainteté. Théologales, infuses, surnaturelles, divines : cependant, la foi, l'espérance et la charité ne contredisent nullement notre nature humaine. Les vertus théologales « disposent les chrétiens à vivre en relation avec la Sainte Trinité. Elles ont Dieu Un et Trine pour origine, pour motif et pour objet[5] ».

Par la vertu de *foi*, nous croyons en Dieu et à tout ce qu'il dit et révèle à travers sa Parole qui est « le chemin, la vérité et la vie » (Jn 14, 5). « La foi est un don de Dieu, une vertu surnaturelle infuse par Lui. "Pour prêter cette foi, l'homme a besoin de la grâce prévenante et aidante de Dieu, ainsi que des secours intérieurs du Saint-Esprit. Celui-ci touche le cœur et le tourne vers Dieu, ouvre les yeux de l'esprit et donne à tous la douceur de consentir et de croire à la vérité[6]." » Rien de doctrinaire ni de brutal dans le

---

5. *Ibid.* Et encore : « La Très Sainte Trinité donne au baptisé la grâce sanctifiante [...] qui le rend capable de croire en Dieu, d'espérer en Lui et de L'aimer par les vertus théologales » (CEC 1266).

6. *CEC* 153, citant le Concile Vatican II, Constitution dogmatique *Dei Verbum* sur la Révélation divine, 5.

don de foi, mais au contraire douceur et liberté.
C'est à cette condition que la vertu de foi peut vraiment orienter nos pensées à la lumière de la Parole
de Dieu.

La foi engendre l'*espérance*. « L'espérance est la
vertu théologale par laquelle nous désirons comme
notre bonheur le Royaume des cieux et la Vie éternelle, en mettant notre confiance dans les promesses
du Christ et en prenant appui, non sur nos forces,
mais sur le secours de la grâce du Saint-Esprit[7]. »

Il ne faut pas confondre espoir et espérance. Le premier nous fait désirer des réussites terrestres. Il s'appuie sur des moyens humains, aléatoires et incapables
en eux-mêmes d'atteindre le Royaume éternel. La
vertu d'espérance, en revanche, s'appuie sur la grâce.
Elle n'espère rien d'autre que Dieu lui-même qui se
donne à nous pour nous conduire à lui. L'espérant
(comme il existe un croyant) espère Dieu de Dieu.
« L'espérance chrétienne a un but, un point de réfé-
rence, un objet : elle s'élance vers Jésus-Christ et son
futur avènement. Voilà vers quoi elle tend, car Dieu,
dans son amour infini, ne nous prépare pas quelque
chose d'inconnu, mais Jésus, le Seigneur de gloire[8]. »

La *charité* donne au baptisé d'aimer Dieu pour lui-
même, sans rien lui préférer. Elle donne d'aimer de
l'amour même de Dieu, non en raison de convenances personnelles ou intéressées. Celui qui aime de
la vertu de charité s'ouvre à tous les hommes, même
à ses ennemis.

Ces trois vertus théologales de foi, d'espérance et

7. *CEC* 1817.
8. Cardinal Carlo-Maria Martini, *Les Vertus*, Éd. Saint-
Augustin, 2002, p. 72.

de charité ne connaissent aucune limite : on ne croira jamais trop, on n'espérera jamais suffisamment, on n'aimera jamais assez. Dans ces domaines, on pèche toujours par défaut, sûrement pas par excès.

Les dons du Saint-Esprit, gardiens des vertus

Alors qu'elle venait de recevoir le sacrement de confirmation, Axel, seize ans, demandait à son aumônier à propos des dons du Saint-Esprit : « Mais ils servent à quoi, au juste ? »

Il faut se reporter aux vertus théologales pour répondre à la question d'Axel. Bien que la foi, l'espérance et la charité aient Dieu pour origine et pour objet, elles ne suppriment pas les limites propres à notre humanité. L'homme qui croit éprouve souvent de la peine à comprendre clairement la Parole de Dieu. De même, espérer ne va pas toujours de soi. Notre vie est tissée de découragements et de doutes. Quant à l'amour, il est difficile de le débarrasser de ses illusions. L'égoïsme et l'intérêt personnel s'en mêlent, parfois sans nous en apercevoir. Les erreurs quotidiennes, les infidélités, l'impatience et la colère troublent notre cœur et nos relations avec les autres.

Les dons du Saint-Esprit actualisent en nous la foi, l'espérance et la charité d'une manière concrète selon les circonstances diverses de notre existence. Non seulement ils sont divins par leur origine, mais ils le sont aussi dans leur manière d'opérer en nous. Dans telle ou telle situation particulière (un choix à poser, un témoignage à apporter, une décision à prendre, etc.), notre foi, notre espérance ou notre charité ne s'expriment plus avec peine et hésitation, mais dans la pleine lumière de l'Esprit Saint, avec une certitude et une audace nouvelles.

Si les dons du Saint-Esprit actualisent les vertus théologales de foi, d'espérance et de charité, ils activent également les vertus morales. Sur le plan naturel, la vertu est une disposition constante à faire le bien. Les vertus sont nombreuses (obéissance, patience, générosité, bienveillance, et bien d'autres encore), mais parmi elles, quatre sont appelées cardinales en raison de leur axe majeur dans la vie spirituelle de la personne. Ce sont les vertus de prudence, de justice, de force et de tempérance. À la différence des vertus théologales, les vertus cardinales ne sont pas infuses, ni surnaturelles, ni divines, mais *naturelles* et *acquises*. Elles s'acquièrent en posant de façon habituelle des actes volontairement répétés selon une disposition libre à faire le bien. Ces dispositions sont appelées *habitus*, lesquels deviennent en nous comme une seconde nature.

Les dons du Saint-Esprit nous aident à surmonter les faiblesses inhérentes à notre nature. Ils sont comme les « gardiens » des vertus théologales de foi, d'espérance et de charité, et des vertus cardinales de prudence, de justice, de force et de tempérance. Ils nous apportent une lumière divine pour discerner, comprendre, vouloir, agir et aimer selon Dieu. La grâce qu'ils nous procurent nous fortifie contre les vicissitudes de notre volonté, de nos pensées, de notre sensibilité, de notre liberté.

À l'exemple des apôtres, nous ramons souvent en pleine nuit, contre des vents contraires et une mer qui se soulève dangereusement (cf. Jn 6, 17-19). Nous nous fatiguons à lutter contre des forces qui nous empêchent d'aimer et de consentir au projet de

Dieu. Soudain, Jésus apparaît, marchant lui-même au milieu de ces flots spirituels et de nos angoisses intérieures. « "C'est moi, n'ayez pas peur!" Aussitôt, la barque des apôtres toucha terre là où ils se rendaient» (Jn 6, 20-21). De même, la barque de notre âme atteint le rivage vers lequel nos désirs de vie nous attirent sans que nous puissions y parvenir par nos seules forces. Nous ne «ramons» plus avec peine et incertitude. Nous sommes comme poussés par une voile.

Les dons du Saint-Esprit sont uniques par leur origine, mais différents par leur objet. Cependant, tous se tiennent. L'accueil de l'un dans notre vie spirituelle entraîne le progrès des autres. Puisque chacun d'eux est le gardien d'une vertu, théologale ou cardinale, nous aborderons d'abord ceux qui sont relatifs aux vertus cardinales (crainte, piété, conseil et force), puis ceux qui sont relatifs aux vertus théologales de foi, d'espérance et de charité (intelligence, connaissance et sagesse)[9].

Les dons du Saint-Esprit et l'Église

À la source de la spiritualité des sept dons, il y a l'expérience de l'Esprit Saint dans la vie du Christ et

---

9. Cet ordre n'est pas absolu. Le *Catéchisme de l'Église catholique* reprend l'ordre d'Isaïe : «Les sept dons du Saint-Esprit sont la sagesse, l'intelligence, le conseil, la force, la science, la piété et la crainte de Dieu» (*CEC* 1831). Le P. Jean-Claude Sagne propose un ordre qu'il justifie par la pédagogie particulière de l'Esprit Saint dans notre vie : don de crainte et don de piété sont liés, don de science et don de conseil le sont ensemble, don d'intelligence et don de sagesse également, le don de force donnant à chacun un dynamisme qui les parcourt tous. Cf. *Traité de théologie spirituelle*, Mame-Éd. de l'Emmanuel, 1995, p. 83.

dans la vie de l'Église. La résurrection du Christ, la fécondité missionnaire des apôtres, l'accroissement du peuple de Dieu, la force des martyrs, ont été vécus dans le dynamisme de l'Esprit Saint. Le livre des Actes des apôtres le décrit avec un réalisme étonnant.

L'Église a commencé à la Pentecôte avec la venue de l'Esprit sur les apôtres réunis au Cénacle avec Marie. Ce jour-là, l'Esprit se manifeste sous l'apparence du feu et du vent, deux signes qui symbolisent sa présence. «L'Esprit Saint, quand il souffle, il ne casse rien», répond Guillemette, neuf ans, à sa grand-mère qui prétend que la tempête qui ravagea la France en décembre 1999 est le signe de la colère divine. C'est vrai, l'Esprit n'est ni dans le vent violent, ni dans le tremblement de terre, ni dans le feu, mais dans le «souffle d'une brise légère» (cf. 1 R 19, 12). Il est vrai que de ce côté-là, l'Esprit de Dieu ne «casse» rien.

Au Cénacle, L'Esprit Saint se révèle sous son vrai jour. Il devient comme «l'âme» de l'Église. Il rénove la face de la terre et accomplit toutes les promesses de l'Ancienne Alliance. Depuis, «là où est l'Église, là est l'Esprit de Dieu; et là où est l'Esprit de Dieu, là est l'Église et toute grâce[10]». L'Esprit Saint demeure à la fois dans l'Église et dans le cœur des fidèles comme dans un temple : «Ne savez-vous pas que vous êtes le temple de Dieu et que l'Esprit de Dieu habite en vous?» (1 Co 3, 16), demande l'apôtre Paul. Ce qui manifeste l'Église, c'est notre vie dans l'Esprit. Il fait de nous «le temple du Dieu vivant» en donnant corps à l'Église.

---

10. Saint IRÉNÉE, *Contre les hérésies*, III, 24.

La liturgie de l'Église a toujours demandé les sept dons du Saint-Esprit pour elle et chacun de ses membres, comme en témoigne la Séquence chantée le jour de la Pentecôte.

Celui qui la récite avec foi verra ses peurs chassées par la paix, ses souffrances apaisées, et ses incertitudes vaincues par une douce lumière intérieure. Il grandira dans la communion avec le Seigneur, et ses actes humains seront accomplis dans la charité.

Veni, *Sancte Spiritus,*
et emitte cælitus
lucis tuæ radium.

Viens, Esprit Saint, en nos cœurs,
et envoie du haut du ciel
un rayon de ta lumière.

Veni, pater pauperum,
veni, dator munerum,
veni, lumen cordium.

Viens en nous, père des pauvres,
viens, dispensateur des dons,
viens, lumière de nos cœurs.

Consolator optime,
dulcis hospes animæ,
dulce refrigerium.

Consolateur souverain,
hôte très doux de nos âmes,
adoucissante fraîcheur.

In labore requies,
in æstu temperies,
in fletu solatium.

Dans le labeur, le repos,
dans la fièvre, la fraîcheur,
dans les pleurs, le réconfort.

O lux beatissima,
reple cordis intima
tuorum fidelium.

Ô lumière bienheureuse,
viens remplir jusqu'à l'intime
le cœur de tous tes fidèles.

Sine tuo numine,
nihil est in homine,
nihil est innoxium.

Sans ta puissance divine,
il n'est rien en aucun homme,
rien qui ne soit perverti.

Lava quod est sordidum,
riga quod est aridum,
sana quod est saucium.

Lave ce qui est souillé,
baigne ce qui est aride,
guéris ce qui est blessé.

Flecte quod est rigidum,   Assouplis ce qui est raide,
fove quod est frigidum,   réchauffe ce qui est froid,
rege quod est devium.   rends droit ce qui est faussé.

Da tuis fidelibus,   À tous ceux qui ont la foi,
in te confidentibus,   et qui en toi se confient,
sacrum septenarium.   donne tes sept dons sacrés.

Da virtutis meritum,   Donne mérite et vertu,
da salutis exitum,   donne le salut final,
da perenne gaudium.   donne la joie éternelle.

Amen.   Amen.

2

LE DON DE CRAINTE

Un mot à double tranchant

On doit à saint Augustin d'avoir distingué avec
clarté le double sens du mot crainte. « C'est autre
chose, écrit-il, de craindre Dieu par peur qu'il ne
t'envoie en enfer avec le diable, et autre chose de
craindre Dieu par peur qu'il ne se retire de toi. Cette
crainte par laquelle tu crains qu'il ne t'envoie en enfer
avec le diable n'est pas encore chaste, car elle ne vient
pas de l'amour de Dieu, mais de la crainte de la
peine [1]. »

C'est un fait que dans l'esprit de l'Ancien Testament, la crainte de Dieu apparaît comme la peur d'un
châtiment. L'homme de la Bible éprouve Dieu comme
une réalité redoutable (*tremendum*), il ressent une sorte
d'effroi en sa présence. Lorsque Dieu promulgue la loi
sur le mont Sinaï, « tout le peuple a peur et se tient à
distance » (Ex 20, 18). Depuis le fracas du Sinaï, la
crainte est comme devenue un effroi face à la menace
divine, une obéissance motivée par la peur. De surcroît, la crainte apparaît face au châtiment mortel de
voir Dieu : « L'homme ne peut voir ma face et vivre »,
dit Yahvé à Moïse (Ex 33, 20). Ainsi considérée, la
crainte de Dieu ne serait qu'un instinct de survie.

---

1. *Enarr. in psalmos,* 127, *PL* 37, 1681.

Quand Dieu apparaît aux hommes, il ne veut pas les faire mourir. S'il vient à eux, c'est pour leur révéler sa volonté, non les anéantir. Il faut l'intuition féminine de la femme de Manoah pour comprendre cela : « Si Dieu avait voulu nous faire mourir, réplique-t-elle à son mari, il ne serait pas venu jusqu'à nous » (Jg 13, 23). Dieu nous entoure d'une providence paternelle et veille sur nous : « Que la paix soit avec toi ! Ne crains rien : tu ne mourras pas », dit Dieu à Gédéon auquel l'Ange vient d'apparaître (Jg 6, 23).

Pourtant, l'acception terrifiante du mot « crainte » demeure aujourd'hui. C'est un cliché tenace. Cherchez dans n'importe quel dictionnaire des synonymes un équivalent au mot crainte, vous trouverez à coup sûr : peur, alarme, frayeur, frousse, trouille, affolement, effroi, épouvante, horreur, terreur, peur bleue, panique, choc, anxiété, inquiétude, sauve-qui-peut, trac, phobie, pétoche. Pour ne citer que ceux-là.

Quelle erreur d'imaginer que l'Esprit Saint puisse être à l'origine de telles émotions. Comment pourrait-il susciter en nous de pareilles angoisses ?

Mais alors, de quelle « crainte de Dieu » s'agit-il ?

La question mérite d'être posée dans la mesure où il arrive que des chrétiens (pas tous) soient habités par une peur de Dieu, subtile mais réelle. Certains chrétiens ont peur que Dieu aliène leur identité, qu'il les soumette à une contrainte insupportable. C'est la peur, par exemple, que Dieu les appelle à une vocation pour laquelle ils n'éprouvent aucune attirance : « J'ai peur que Dieu m'appelle au sacerdoce ou à la vie consacrée. » Ou bien la peur de traverser des épreuves douloureuses sans autre raison qu'une volonté arbitraire de Dieu. Rendre Dieu responsable de la souffrance et du mal est une autre source de peur. Une dernière forme de peur consiste à dire : « Dieu ne peut pas m'aimer après ce que j'ai fait. Il m'en veut. Il va me rejeter. » Bref, il n'est pas rare de penser que Dieu est celui qui punit, accuse, accable, condamne et rejette.

Les trois sources de la crainte de Dieu

Est-il vrai que l'Ancien Testament est caractérisé uniquement par la crainte, tandis que le Nouveau Testament l'est par la charité ?

Non. Cette comparaison est approximative. Elle fait l'impasse sur bien des nuances. S'il est vrai que la crainte est présente dans l'Ancien Testament, l'amour et la tendresse y sont également très marqués. La crainte n'est pas abolie dans le Nouveau Testament car elle demeure une attitude fondamentale dans la vie du disciple de Jésus. Cela appelle des explications.

Dans l'Ancien Testament, la crainte conduit l'homme à une foi plus profonde et à une rencontre plus intime avec le Seigneur. Saint Bonaventure nous dit que la crainte divine naît de trois considérations : la *puissance* de Dieu, la *sagesse* de Dieu et enfin la *sévérité* de Dieu.

Premièrement, « la crainte divine naît en nous lorsque nous considérons la sublimité de la puissance divine[2] ». Et saint Bonaventure de citer le prophète Jérémie : « Nul n'est semblable à toi, Seigneur ! Tu es

---

2. Saint BONAVENTURE, *Les Sept Dons du Saint-Esprit*, Éd. du Cerf, coll. « Sagesses chrétiennes », 1999, p. 57.

grand. Ton nom est fort. Qui ne te craindrait, Seigneur?» (10, 6-7). En effet, Dieu est le Tout-Autre, le Tout-Différent. Il est l'absolument Transcendant. Les causes de la crainte ne sont pas tant les commandements de Dieu et la dimension punitive qui y est attachée, que l'Être même de Dieu, sa sainteté, sa majesté. Il est le Saint, celui que son absolue perfection sépare infiniment de toute créature finie et mortelle. Sa sainteté et sa majesté révèlent dans le cœur de l'homme une souillure congénitale, en même temps qu'un désir de pureté et de perfection. Cette crainte désigne l'émotion particulière que l'homme éprouve au contact de Dieu, de sa Parole et de sa création, et qui à ce contact fait l'expérience de sa finitude et de son péché. Autrement dit, lorsque Dieu se manifeste à l'homme, ce dernier fait à la fois l'expérience de la sainteté divine et de son péché à lui. «Éloigne-toi de moi, Seigneur, car je suis un homme pécheur!» s'écrie Pierre à l'appel que Jésus lui adresse à la suite de la pêche miraculeuse (Lc 5, 8).

Deuxièmement, «la crainte de Dieu naît en nous lorsque nous considérons la sagesse divine[3]». Le prophète Habaquq écrit: «Seigneur, j'ai entendu ton enseignement et j'ai eu peur. J'ai considéré tes œuvres et j'ai tremblé» (3, 2). Qui ne redouterait en effet la puissance de la Parole de Dieu par laquelle le Tout-Puissant se fait connaître et qui dépasse la raison humaine?

Dieu connaît toutes les pensées des hommes. Celui qui s'imagine connaître Dieu et posséder le secret du monde, celui-là se fait illusion. Dieu seul «scrute les reins et les cœurs» (Jr 11, 20). Dans

---

3. Saint BONAVENTURE, *Les Sept Dons du Saint-Esprit, op. cit.*, p. 58.

l'épître aux Romains, saint Paul cite Éliphaz, l'interlocuteur de Job, cet homme qui, après ses tourments,
est saisi d'admiration devant l'omniscience de
Dieu : «Qui a jamais connu la pensée du Seigneur ?
Qui fut son conseiller ?» (cf. Jb 15, 8 ; Rm 11, 34).
Saint Augustin exprime la grandeur de Dieu à travers
sa sagesse infinie : «Tu es grand, Seigneur, et louable
hautement. Grand est ton pouvoir et ta sagesse n'a
point de mesure[4].»

Cette crainte est nécessaire pour consentir à la
nature des êtres et des choses, mais également à
notre mission et à ses aspects concrets. Cette crainte
est un principe d'humanité, une loi de vie sans
laquelle l'homme ne peut s'ouvrir à ce qu'il est. Tout
homme doit acquiescer à une volonté antérieure à
lui, à une volonté qui le précède et donne sens et
finalité à tout ce qui existe. Il doit accepter de ne pas
être à l'origine du monde. Nul homme n'est toutpuissant, imbattable, ou incassable. Sans cette considération émue, bouleversée, et finalement émerveillée, des œuvres et de la volonté divines, il n'y a
pas d'humanité possible. La transgression de cette
crainte – «Je n'ai pas besoin de Dieu, Dieu est mon
rival et je sais mieux que lui» – va devenir une véritable tyrannie contre soi. L'homme a une mesure. Il
doit l'accepter sans se faire l'égal de Dieu, prétention
et revendication plus mortelles que la vision en direct
de Dieu.

Troisièmement, la sévérité de Dieu, source de la
crainte. Les auteurs sacrés évoquent la perspective de
la colère et des châtiments divins à l'égard de ceuxcontre qui de telles menaces sont proférées. «Vous

---

4. *Confessions*, I, 1, 1.

avez allumé le feu de ma colère divine» (Jr 17, 4).
Ainsi, Dieu est présenté comme celui qui «punit».

Mais la colère de Dieu ne le met pas «hors de lui»,
à la façon des hommes. Dieu ne perd pas son sang-
froid. Sa colère et sa sévérité ne font trembler que les
pécheurs qui s'endurcissent dans le mal. Lorsque
Jésus se met en colère dans le Temple, ce n'est pas en
raison de la baisse des taux de change, mais parce
que le lieu de la manifestation de l'amour de Dieu
est transformé en lieu de trafic sordide. Sa colère lui
coûtera cher. Elle sera le motif de son arrestation et
de sa condamnation à mort. Jusque sur la Croix, on
lui reprochera cette réaction : «Sauve-toi toi-même,
toi qui fais la leçon...» (cf. Mt 27, 39). *La sévérité
divine est le signe d'une miséricorde inconditionnelle*
contre les menaces de mort qu'entraîne la prétention
de l'homme à être libre sans Dieu.

Sans amour, cette crainte ne serait que de
l'angoisse. L'Esprit Saint nous purifie de cette
angoisse. Il fait naître en nous, non seulement une
crainte qui est conciliable avec l'amour, mais qui en
est la conséquence : la crainte de faire de la peine à
l'Être aimé, de détruire par notre propre faute les
fondements de l'amour. Celui qui aime Dieu sait que
la seule angoisse est d'être séparé de lui.

Le curé d'Ars dit : «Dieu est plus rapide à nous
sauver de nos péchés qu'une mère à enlever son
enfant du feu.» Toutes proportions gardées, la colère
de cette mère contre le feu capable de faire mourir
son enfant, est semblable à la colère de Dieu contre
le péché qui nous détruit. Le don de crainte n'est pas
source de frayeur, mais de conversion devant un
Dieu qui nous aime et veut nous éloigner du feu de
l'orgueil et de l'autosuffisance.

Crainte et adoration

Une attitude d'indifférence totale, sans «crainte» ni intérêt à l'égard de la volonté de Dieu, est donc présomptueuse et mortelle. Elle fait perdre de vue la manière dont nous devons vivre en tant qu'être humain. Pour nous ouvrir à notre propre humanité, il faut au préalable reconnaître l'écart infini qui nous sépare de Dieu : «Grand est ton pouvoir et ta sagesse n'a point de mesure!» Parce qu'il est notre Dieu et notre Créateur, nous sommes totalement dépendants de lui. Il s'agit là d'une relation tout à fait particulière qui ne doit inspirer aucune terreur, mais au contraire une confiance joyeuse et filiale.

Dieu veut nous conduire à lui par amour, non nous forcer par peur. La peur fait fuir, tandis que l'amour apaise et attire. La volonté de Dieu sur nous n'est pas une volonté arbitraire, décidée par un dieu impersonnel, en vue d'un ciel anonyme. Sa volonté est celle d'un Dieu qui nous connaît, qui nous appelle et qui nous sauve. Savoir que nous serons jugés selon une loi d'amour est une bonne nouvelle. Pour autant, le jugement de Dieu ne se réduira pas à une bonté aveugle, privée de sens et de vérité. D'où cette crainte filiale d'offenser un amour sans limites.

Il existe une crainte essentielle à notre vie spirituelle. Le «craignant Dieu» n'est pas celui qui fuit Dieu, quelles qu'en soient les raisons, mais celui qui vit sous sa dépendance, le révère, lui obéit, se sait créature. Le don de crainte nous fait vivre une dépendance aimée, dans le désir inlassable et voulu du regard de Dieu. Ce regard n'est pas vécu comme l'obsession d'un œil lourd posé sur soi, mais la certitude de n'être jamais seul, ni abandonné et de vivre dans l'assurance d'être toujours aimé et protégé.

Pour souligner la nature de cette crainte, saint Augustin utilise l'exemple de deux femmes mariées, mais dont l'une est adultère et l'autre veut être fidèle à son mari : «"Crains-tu ton mari?" Chacune répond : "Je le crains". Le mot est le même, mais le sentiment différent. Celle-là dit : "Je crains" que mon mari ne vienne ; celle-ci dit : "Je crains" que mon mari ne s'en aille. Celle-là dit : "Je crains" d'être condamnée ; celle-ci dit : "Je crains" d'être abandonnée. Mets cela dans le cœur des chrétiens, et tu trouves cette crainte adultère que chasse l'amour et cette autre crainte chaste qui demeure à jamais [5].» L'Esprit Saint nous purifie de l'angoisse de la femme adultère. Il fait naître en nous, non seulement une crainte qui est conciliable avec l'amour, mais qui en est la conséquence : la crainte de faire de la peine à l'Être aimé, de détruire par notre propre faute les fondements de l'amour.

Ceux qui craignent le Seigneur et ceux qui l'aiment sont les mêmes : «Ceux qui craignent le Seigneur ne transgressent pas ses paroles, ceux qui l'aiment observent ses voies. Ceux qui craignent le Seigneur cherchent à lui plaire, ceux qui l'aiment se rassasient de la loi. Ceux qui craignent le Seigneur ont un cœur toujours prêt et savent s'humilier devant lui» (Si 2, 15-17).

Le «craignant-Dieu» est redevable à l'Esprit du sens de l'adoration. «L'adoration est la première attitude de l'homme qui se reconnaît créature devant son Créateur. Elle exalte la grandeur du Seigneur qui nous a faits et la Toute-Puissance du Sauveur qui nous libère du mal. Elle est le prosternement de

---

5. *Enarr. in psalmos*, 127, *PL* 37, 1681.

l'esprit devant le "Roi de gloire" (Ps 24, 9-10) et le silence respectueux face au Dieu "toujours plus grand". L'adoration du Dieu trois fois saint et souverainement aimable confond d'humilité et donne assurance à nos supplications [6]. »

Le don de crainte anime en nous des relations de confiance et de tendresse, dont l'Évangile nous dit qu'elles sont analogues à celles d'un enfant à l'égard de son père. Notre adoption sacramentelle dans le baptême nous ouvre au mystère du Fils et nous fait participer à sa relation au Père. Le mot « adoption » n'est pas à entendre au sens humain, juridique et social. L'adoption baptismale nous associe de l'intérieur à l'amour du Fils pour le Père. Et c'est par le Fils, dans l'Esprit, qu'à notre tour nous pouvons aimer Dieu et l'appeler *Père*. En promettant à ses disciples de ne pas les laisser « orphelins » (Jn 14, 18), le Christ annonce une filiation nouvelle dans l'Esprit, en même temps que la grâce pour nous d'aimer Dieu d'un amour qui trouve sa source et son élan dans l'unité du Père et du Fils, et non la peur d'un châtiment. Alors notre crainte, inspirée par l'Esprit, devient pure, chaste et spirituelle.

Le don de crainte purifie notre conscience

Le don de crainte produit en nous « une parfaite purification de la conscience [7] ». Agir selon notre conscience ne signifie pas donner la valeur qui nous convient aux choix et aux événements de la vie. C'est avant tout, à travers les multiples circonstances de la

---

6. *CEC* 2628.
7. Saint BONAVENTURE, *Les Sept Dons du Saint-Esprit, op. cit.*, p. 67.

vie quotidienne, consentir à la nature que Dieu a donnée aux êtres et aux choses. Ainsi, le don de crainte nous rend vigilants à l'égard de nos pensées, de nos désirs, de nos actes, de notre amour de Dieu, du prochain et de nous-mêmes. Il nous procure cette délicatesse de conscience propre à ceux qui veulent faire plaisir à Dieu et aux autres.

La conscience intervient pour discerner ce qu'il convient de faire et ce qu'il convient de ne pas faire. Elle est le «sanctuaire» où la voix de Dieu se fait entendre. Là, Dieu nous dit d'aimer et d'accomplir le bien, et de rejeter le mal[8]. Le caractère objectif du bien et du mal échappe aux contingences historiques et aux convenances purement subjectives de l'individu. Ce n'est pas de l'extérieur que viennent les principes moraux spécifiques à la personne humaine, mais de l'intérieur, à travers une loi que l'homme découvre et accueille comme un chemin d'humanité pour lui. Cette loi, objectivement valable et sûre, est qualifiée de naturelle parce qu'elle correspond fondamentalement à la nature de l'être humain. La loi naturelle «n'est rien d'autre que la lumière de la raison infusée en nous par Dieu. Grâce à elle, nous connaissons ce que nous devons accomplir et ce que nous devons éviter. Cette lumière et cette loi, Dieu les a données dans la création[9]».

Pour autant, la conscience n'est pas un juge infaillible. Elle a toujours besoin d'être éveillée, purifiée, éventuellement corrigée. L'Esprit Saint éclaire

---

8. Cf. CONCILE VATICAN II, Constitution pastorale *Gaudium et spes*, 16.

9. Saint THOMAS D'AQUIN, *Somme théologique*, I^a-II^æ, q. 91, a. 2, cité dans : JEAN-PAUL II, lettre encyclique *La Splendeur de la vérité*, 12.

notre conscience sur « ce qui l'inquiète[10] » en la rendant de plus en plus capable de formuler des jugements conformes à la volonté de Dieu sur les êtres et les choses.

Le don de crainte est le gardien de la vertu de tempérance

Le don de crainte est nécessaire pour progresser dans la vertu cardinale de tempérance. L'homme tempérant maîtrise les excès auxquels l'incite sa nature. Il se garde volontiers de faire un usage inutile et immodéré des biens créés. Sa volonté règne sur ses instincts. Par un effet de la grâce, l'Esprit Saint lui fait redouter d'accomplir le péché, non par peur d'un châtiment, mais par crainte de blesser l'amour de Dieu pour lui. Plus nous sommes guidés par le don de crainte, plus il nous devient insupportable d'offenser Dieu. Il n'y a de péché que par rapport à la tendresse et à la fidélité de Dieu.

La tempérance n'a pas comme perspective la privation pour elle-même. Les païens n'en font-ils pas autant ? (Mt 5, 47). Elle est infiniment plus riche. Elle nous guide vers la connaissance de nous-mêmes. Elle nous fait consentir d'avance et avec joie à ce que le Seigneur connaît déjà de nous. Si notre tempérance à l'égard du manger et du boire, de l'instinct sexuel, de l'argent, des honneurs, des loisirs, etc., ne vient pas de l'homme nouveau, libéré des passions et des tendances vers le bas, et qui a « revêtu le Christ » (Ga 3, 27), alors nos efforts étreignent du vide.

La question n'est donc pas de savoir à quelles

---

10. Prière d'ouverture du 27ᵉ dimanche du temps ordinaire.

mortifications de base nous devons consentir, indivi-
duellement et en communauté, pour être des chrétiens corrects. Dans la lumière de Pâques, notre tempérance n'a de sens que si elle est une conversion à
notre vie de fils dans le Fils, une mise en œuvre de
l'Évangile au quotidien. Nos prières, nos jeûnes et
nos aumônes ne deviendront vie que si elles tirent
leur joie du Transfiguré. À chacun d'ouvrir sa
conscience pour répudier les petites idoles – petites,
ces idoles, mais nombreuses et aliénantes. La vertu
de tempérance, soutenue par le don de crainte, est
une exigence. La relativiser revient à ordonner la
liberté humaine uniquement vers les choses terrestres, éphémères et sans horizon éternel. La tempérance tournée vers elle-même n'est qu'une culture de
soi, une diététique mentale.

Aussi le don de crainte met-il en lumière dans
notre âme ce qui est bien, ce qui est bon, ce qui est
vrai, pour que nous l'accomplissions en réponse à
l'amour de Dieu. La crainte du Seigneur nous
conduira à lui demander pardon pour toutes les
mauvaises dispositions que nous n'avons pas encore
vaincues. En nous adressant à lui dans le sacrement
de pénitence, nous «confessons» sa grandeur et sa
majesté. Par le fait même, nous reconnaissons que
sans lui, nous ne pouvons rien faire (cf. Jn 15, 5).

Dans la confession, nous nous plaçons devant la
miséricorde infinie de Dieu, non devant les raisons
pour lesquelles nous mériterions d'être séparés de
lui. Celui qui se confesse se tourne vers Dieu en
disant : «Tu vas m'accueillir», et non «Tu vas me
rejeter et me punir».

Tel est le don de crainte : il nous garde dans
l'humilité, nous libère de toute forme de peur, de

frayeur, d'affolement, d'effroi, d'horreur, de panique, d'angoisse, d'inquiétude, de phobie, et autres synonymes.

Prière pour demander le don de crainte

Ô Esprit de Dieu, sois la lumière de mon âme.
Daigne me remplir de ce sentiment continuel
de ta présence, en moi et autour de moi.

Accorde-moi cette crainte bienheureuse
que l'on éprouve en se tenant devant Dieu
et ses créatures bien-aimées.

Ô Esprit Saint, je veux être guidé par toi.
Remplis mon cœur de crainte filiale.
Anime ma vie d'esprit d'adoration
à l'égard de la grandeur du Dieu très-haut.

Purifie ma conscience,
rends-la délicate et bienveillante
pour discerner ce qui plaît à Dieu.

Garde ma vie dans le vrai, le beau et le bien
pour que je réponde en tout temps
et par toute ma vie à l'amour du Père.

Amen.

3

LE DON DE PIÉTÉ

La piété dans l'Écriture

Dans l'Écriture, la piété est désignée par le terme hébreu *hésèd*, lequel renvoie à une relation de fidélité et d'attachement. C'est surtout l'alliance entre Dieu et son peuple qui permet le mieux de révéler ce qu'est la piété. En faisant alliance, Dieu offre lui-même l'exemple de la vraie *hésèd* : «Je suis Yahvé qui exerce la bonté (la *hésèd*), le droit et la justice sur la terre. Oui, c'est en cela que je me complais» (Jr 9, 23).

Les Septante ont traduit *hésèd* par *éléos*, qui a donné en français le mot *miséricorde*. Cette miséricorde n'a rien à voir avec un dépit navré devant le mal. Elle ne relève pas non plus du simple état d'âme. À la lumière de l'alliance, la miséricorde dans l'Écriture désigne un amour conscient, voulu, doublé de la fidélité de Dieu envers son peuple. Sa miséricorde est celle d'un Père qui ne se résigne ni à la perte de son «premier-né», ni à ses infidélités. À chaque fois que Dieu fait preuve de *hésèd*, il vient au secours de sa créature et la relève de sa faute et de la mort après en avoir eu le cœur bouleversé.

La *hésèd* du Dieu de l'alliance est celle d'un Dieu de tendresse qui appelle son peuple à découvrir la densité de son amour de Père, non celle d'un dieu tatillon, redresseur de torts qui tirerait sur tout ce qui bouge. Notre relation à Dieu n'est pas une relation incertaine, voire anonyme. Elle est fondée sur sa tendresse et son amitié. C'est au contact de la piété de Dieu à son égard que le peuple élu prend conscience de son existence et de sa dignité.

À cet amour de Dieu pour son peuple doit donc correspondre l'attitude aimante de l'homme. L'exemple de Daniel qui « priait trois fois chaque jour » (Dn 6, 11) indique que, pour être vraie, la piété doit s'accompagner d'une authentique fidélité. On se souvient que le roi Darius, influencé par ses conseillers, tous jaloux du prestige du jeune Hébreu, avait ordonné que quiconque ne l'adorerait pas, lui, Darius, roi de Babylone, serait immédiatement jeté dans la fosse aux lions. Cet arrêt royal n'effrayait nullement Daniel, prisonnier du roi et mis d'office à son service. Trois fois par jour, Daniel se mettait à genoux dans sa chambre, comme il l'avait toujours fait, pour louer et adorer Yahvé, le seul vrai Dieu. En priant ainsi, Daniel courait un grand risque. Mais il sait que sa vie a moins de prix que celle du Dieu auquel il adresse sa prière.

Si, pour l'homme de la Bible, la piété renvoie à la relation d'amour que Dieu instaure avec son peuple en faisant alliance avec lui, elle doit donc correspondre du côté de l'homme à une attitude caractérisée par un attachement filial et une louange aimante, lesquels s'expriment par des actes et un culte, dans l'esprit même de l'alliance : « Maintenant, Yahvé ton Dieu te demande de le craindre, de suivre toutes ses voies, de l'aimer, de servir Yahvé ton Dieu de tout ton cœur, de toute ton âme, de garder ses commandements et ses lois pour ton bonheur »

(Dt 10, 12-13). Les dispositions de cœur qui animent Daniel indiquent que, pour être vraie, la piété doit s'accompagner d'une authentique fidélité. Autrement, elle risquerait de n'être plus qu'un devoir religieux, impersonnel et dénué d'esprit filial.

Superstition, astrologie et *New Age*

Le don de piété inspire au disciple d'aimer Dieu comme le Père des cieux, source de toute vie et de toute providence. Aussi le don de piété nous préserve-t-il de la superstition, des mirages de l'astrologie et des spiritualités ésotériques, celle du *New Age* et les autres.

La superstition est cette tendance à donner aux choses créées et aux faits divers un pouvoir sur les événements. Le superstitieux voit dans les éléments les plus anodins de l'existence quotidienne des influx sur le cours de l'histoire. Or, pour que notre vie se déroule dans la paix et l'harmonie, inutile de « toucher du bois » ou d'éviter de croiser un chat noir. Dieu seul prend en main notre existence. Il a les yeux fixés sur les justes et tend l'oreille à leurs prières. Ainsi, celui qui veut avoir des jours heureux doit tout simplement se garder du mensonge (cf. 1 P 3, 12.10)

L'astrologie, quant à elle, attribue aux mouvements des astres un rôle déterminant sur le cours de l'histoire. Déjà, le prophète Isaïe fustigeait les faiseurs d'horoscope : « Qu'ils se présentent donc et te sauvent, ceux qui détaillent le ciel et observent les étoiles, qui annoncent ce qui va fondre sur toi » (47, 13). Plus près de nous, une étude détaillée des horoscopes de certains hebdomadaires montre que le contenu de thèmes astraux est tout entier au service du conformisme actuel. Le destinataire de ces oracles est une espèce d'être androgyne, un individu indéterminé, ni homme ni femme, toutes caractéristiques masculines ou féminines étant diluées dans une sorte de flou psychologique. Selon l'auteur de cette étude, «les astres favorisent la soumission du lecteur à l'ordre social [...]. Il est invité à attendre que les difficultés passent, que le cycle s'achève de lui-même, plutôt que de remettre en cause son mode de vie[1].» La relation n'est jamais tournée vers le «frère», l'«ami» ou le «conjoint», mais toujours vers le «partenaire», terme imprécis qui souligne à l'envi l'impersonnalité du lien social. Ce n'est pas tout : l'individualisme de nos sociétés encourage l'opportunisme. Exemples d'horoscopes rédigés par une «déesse des astres» pour un hebdomadaire de programmes TV à grand tirage : «Vous êtes l'heureux gagnant d'une situation de confusion, bref, celui qui récolte.» Ou : «La désorganisation joue en votre faveur, profitez-en. Le malheur des uns vous profitera directement[2].» Le don de piété nous indique au contraire que le seul astre sous l'influence duquel nous devons vivre est Marie, la mère de Dieu que l'on invoque sous le titre d'Étoile du matin. Celui qui se laisse guider par elle sera toujours bien luné.

Parce que superstition et astrologie n'offrent aucune certitude et ravalent la vie au rang d'angoissante aventure, d'autres se tournent vers les courants de religiosité proposés dans l'ésotérisme. De quoi s'agit-il ? De la science dite des choses cachées, dévoilées seulement à quelques initiés. Il existe quantité de sciences occultes qui tentent d'expliquer le

---

1. *Le Monde*, 6 avril 2002.
2. *Ibid.*

mystère de l'univers et de la destinée humaine. Beaucoup d'entre elles ont en commun la croyance en la réincarnation, croyance selon laquelle l'homme s'épurerait en passant par plusieurs vies successives. Dieu est décrit comme une énergie, un gaz divin impersonnel. Pour l'atteindre, l'homme doit se diluer, ne plus être lui-même, un peu comme du thé dans de l'eau chaude.

Selon ces théories, Dieu est tout sauf un Père. La divinité est Mère. Il faut fusionner avec elle afin de disposer des forces vitales qui sont les siennes. Dans ces conditions, il n'y a plus d'altérité possible. Quant au Christ, il n'est ni Fils de Dieu ni Sauveur des hommes puisque c'est par ses propres efforts que l'individu cherche à rejoindre les énergies divines.

Seul le don de piété peut rendre un homme capable de ne jamais consentir à l'anéantissement de son être personnel et vivre la relation filiale à laquelle il est appelé. L'Esprit nous aide à comprendre que c'est par pure grâce que Dieu nous élève jusqu'à lui, sans jamais nous diluer, qu'il nous fait goûter le bonheur de l'aimer tel qu'il est, et de nous connaître tels que nous sommes. Hélas, dans nos sociétés qui démentent l'existence de l'absolu, la valeur de la personne humaine et la vie éternelle, beaucoup sont prêts à concevoir les doctrines ésotériques comme des vérités suffisantes. Que le don de piété les en préserve !

Être juste envers Dieu et le prochain

Le don de piété accroît en nous la vertu cardinale de justice, laquelle « consiste dans la constante et ferme volonté de donner à Dieu et au prochain ce qui leur est dû. La justice envers Dieu est appelée "vertu de religion"[3] ».

Quand l'autre, à qui il s'agit de rendre son dû, est Dieu qui nous donne à chaque instant «la vie, le mouvement et l'être» (Ac 17, 28), la justice à son égard est l'expression de notre amour pour lui. C'est être juste au sens le plus riche du terme que de chercher et mettre en œuvre les moyens de manifester à Dieu notre dépendance. *A contrario*, le don de piété nous amène à comprendre l'inanité de tout ce qui n'est pas fondé sur l'offrande de nous-même.

Tout est dû à Dieu. Que ce soit une grâce, car il en est la cause ; que ce soit un effort ou un sacrifice, car il en est l'objet. Pour autant, en lui offrant la meilleure part de nous-même, il n'est pas question de nous détruire devant lui. Ce serait prendre à contresens le message des prophètes : «Tu comptes beaucoup à mes yeux, dit Yahvé, tu as du prix, et je t'aime» (Is 43, 4). Il s'agit en réalité d'ordonner notre existence selon Dieu, lui qui en est la source, le sens et le but.

Les liens qui nous unissent au Créateur n'ont rien de semblable aux liens qui unissent un empereur à ses sujets, ou un tyran à son peuple. Ce sont au contraire des liens d'amour et d'alliance. Notre fidélité à ces liens nous enrichit dans la mesure où elle nous fait participer davantage encore à la sainteté de Dieu.

Le don de piété n'a pas directement Dieu pour objet, mais les actes intérieurs et extérieurs appropriés qu'il convient de poser pour entretenir ces liens

---

3. *CEC* 1807.

avec lui, par exemple l'application de notre esprit à écouter la Parole de Dieu, la demande de pardon sacramentel, la fidélité et la régularité dans la prière quotidienne, un sacrifice, une résolution nécessaire au progrès de notre âme et qui engage tout notre être, la direction spirituelle, etc. Si le don de piété nous incline à poser des actes de respect, de dépendance et de gratitude envers Dieu, il nous incline également à poser ces actes avec amour. En finale, le don de piété favorise notre union à Dieu en nous faisant savoir ce que nous lui devons. Le don de piété ouvre un champ illimité à notre générosité et nous porte à rendre à Dieu ce que nous lui devons comme notre Premier Principe, jusqu'à offrir la part la plus importante de notre existence.

L'attitude juste envers Dieu se confirme par l'attitude juste envers le prochain. «L'homme juste, souvent évoqué dans les Livres saints, se distingue par la droiture habituelle de ses pensées et la rectitude envers le prochain[4].» Le prophète Michée décrit ainsi la piété : «On t'a fait savoir, ô homme, ce qui est bien et ce que le Seigneur réclame de toi : rien d'autre que d'accomplir la justice à l'égard du prochain et de marcher humblement avec ton Dieu» (6, 8).

La piété du chrétien est d'autant plus sincère qu'elle s'accompagne d'un amour généreux pour le prochain, reflet de la bonté de Dieu pour tout homme. Bien comprise, elle s'accompagne d'une attention aux exigences de l'amour fraternel. Lorsque l'apôtre Paul recommande aux Colossiens «de suivre Jésus, de rester enracinés en lui, de déborder d'action de grâces» (2, 6), il les exhorte du

---

4. *CEC* 1807.

fait même à « revêtir, les uns vis-à-vis des autres, des sentiments de compassion, de bienveillance, d'humilité, de douceur, de patience, de se supporter et de se pardonner mutuellement » (3, 12-13).

Le don de piété rend le cœur du croyant plus compréhensif et compatissant à l'égard du prochain. « Celui qui veut être pieux envers le prochain, écrit saint Bonaventure, doit le supporter patiemment et l'aimer avec charité [...] Si j'ai la patience d'un côté, j'ai la charité de l'autre. Voilà ce qu'est l'exercice de la piété[5]. »

L'expérience de la prière

La manière dont s'exerce dans l'âme du baptisé le don de piété s'exprime dans l'expérience de la prière. De même que l'épiclèse invoque l'Esprit Saint pour consacrer les offrandes eucharistiques, ainsi celui qui prie attire l'Esprit Saint sur le monde.

« J'aimerais bien prier davantage, reconnaît Vianney, jeune père de famille de trente-six ans, trois enfants, mais vraiment je n'ai pas le temps. Je ne peux pas m'arrêter. Je remets toujours ma prière à plus tard. » L'expérience que fait Vianney de manquer de temps pour prier est commune à beaucoup d'autres personnes.

Il faut répondre à Vianney que le don de piété n'a pas pour fonction d'arrêter le temps. Sa motion consiste à nous inspirer comment rendre hommage à Dieu de ce qu'il est pour nous et de ce que nous

---

5. Saint BONAVENTURE, *Les Sept Dons du Saint-Esprit, op. cit.*, p. 79.

sommes pour lui. L'intention de prier ne suffit pas.
Les bonnes intentions ne font pas une vie spirituelle.
En revanche, se mettre à genoux, ouvrir la Bible,
réciter le chapelet, adorer le Saint-Sacrement, rendre
service avec bienveillance selon les circonstances et
les réalités du moment, etc., sont les notes possibles
de notre amour pour le Seigneur au diapason de
l'Esprit Saint. Au milieu des mille activités de la
journée, le don de piété est là pour disposer l'âme de
Vianney à demeurer dans l'intimité de Jésus. À la fois
comme Marie de Béthanie aux pieds du Seigneur, et
comme Marthe sa sœur : en servant le Seigneur et les
amis du Seigneur, *sans agitation ni tension*. C'est ainsi
que l'on parvient à prier le matin *ou* le soir, puis le
matin *et* le soir, et enfin du matin au soir.

Pourtant, celui qui veut prier s'engage à vivre
quelque chose de difficile. La prière le fait entrer dans
le domaine de l'invisible, de l'insensible, et bien souvent de l'inattendu. Le don de piété nous aide à livrer
le combat contre la tentation de ne pas prier. Il nous
fortifie contre les illusions. Il nous délivre des fausses
idées sur la prière. Il nous éclaire sur nos distractions.
Il supplée à notre pauvreté et à notre faiblesse. Il nous
apprend à prier comme il faut (cf. Rm 8, 26).

L'oraison, la récitation des psaumes, le chapelet,
etc., ne sont possibles que sous la motion de l'Esprit
Saint. C'est lui qui nous inspire les moments et les
lieux de la prière, que ce soit à l'écart sur la montagne, dans la lumière d'une humble chapelle, en
marchant dans la rue, ou dans le métro s'il le faut. Il
nous fait prier avec persévérance et vaincre les obs-
tacles, depuis le manque de temps jusqu'à l'oubli de
Dieu, en passant par les distractions et le manque de
confiance. Si nous le demandons à Dieu, l'Esprit
Saint nous fera le don de piété pour l'adorer, le

louer, le remercier. Adoration, louange, action de grâces : autant d'attitudes propres aux enfants de Dieu. Aussi est-ce l'Esprit qui les suscite en nous.

Prière et humilité

Quand nous prions, nous nous tournons vers Dieu pour qu'il remplisse notre cœur de ses propres exigences sur nous, sur moi, sur le monde. Prier, c'est reconnaître d'une part l'excellence de Dieu : « Dieu, infiniment Parfait et Bienheureux en Lui-même[6] », et d'autre part, nous l'avons dit, reconnaître du fait même notre totale dépendance : « Le désir de Dieu est inscrit dans le cœur de l'homme, car l'homme est créé par Dieu et pour Dieu ; et [...] *ce n'est qu'en Dieu* que l'homme trouvera la vérité et le bonheur qu'il ne cesse de chercher[7]. »

Pour prier comme le publicain de l'Évangile et devenir juste aux yeux de Dieu (cf. Lc 18, 9-14), il nous faut au préalable reconnaître et aimer notre totale indigence. Qu'avons-nous que nous n'ayons reçu ? (cf. 1 Co 4, 7). Nous sommes redevables à Dieu de tout, d'absolument tout, à commencer de notre propre vie. Qu'elle soit d'adoration, de louange, de demande ou d'action de grâce, l'âme de notre prière s'appelle l'humilité.

L'humilité nous rappelle sans cesse que l'homme n'est qu'une créature, mais la seule créature sur terre que Dieu a voulue pour elle-même et qui ne trouve sa pleine dimension qu'en se donnant[8]. Elle nous

---

6. *CEC* 1.
7. *CEC* 27.
8. Cf. CONCILE VATICAN II, Constitution pastorale *Gaudium et spes,* 24.

rappelle que nous sommes pécheurs et que, sans le Christ, nous ne pouvons rien faire (cf. Jn 15, 5). Et pourtant, combien de fois l'humilité est-elle le véritable motif de notre prière ?

Celle-ci est « un dialogue d'amour, au point de rendre la personne humaine totalement liée au Bien-Aimé, vibrant au contact de l'Esprit Saint, filialement abandonnée dans le cœur du Père[9] ». En insufflant dans l'âme du disciple le don de piété, l'Esprit Saint devient vraiment le maître d'œuvre de la prière selon l'enseignement du Christ. À la foule assemblée autour de lui, il disait : « Quand tu pries, retire-toi dans ta chambre, ferme sur toi la porte et prie ton Père qui est là, dans le secret » (Mt 6, 6).

« Fermer la porte », c'est d'abord interdire l'accès de notre âme à tout ce qui pourrait la détourner de la présence de Dieu : un coup de téléphone, un message à lire, un tour dans la cuisine, une émission à ne pas manquer, etc. Autant de prétextes que nous sommes tentés d'avancer pour interrompre ou reporter notre prière.

Bien sûr, mille occupations peuvent nous accaparer. Mais dès que possible, il faut de nouveau « fermer la porte de notre chambre » pour prendre le temps de nous poser devant le Seigneur. Faute de quoi, nous risquons non seulement de nous essouffler, sans pouvoir conduire à leur fin toutes ces choses utiles et bonnes que nous entreprenons, mais aussi de perdre le sens des liens qui nous unissent à Dieu.

La prière est « un chemin totalement soutenu par

---

9. JEAN-PAUL II, lettre apostolique *Au début du nouveau millénaire*, du 6 janvier 2001, 33.

la grâce, qui requiert toutefois un fort engagement spirituel et qui connaît aussi de douloureuses purifications[10] ». Chacun de nous se trompe s'il pense pouvoir se contenter d'une prière superficielle, qui serait incapable de remplir sa vie[11]. Peut-on se tourner vers Dieu, fermer la porte de notre chambre et l'adorer en silence ? Oui, si l'Esprit Saint nous donne, dans l'ordre surnaturel, les moyens de nous adresser à Dieu avec confiance et assurance.

« Abba ! Père ! »

Un autre passage de l'Évangile nous offre un enseignement essentiel sur la prière. Saint Luc ne nous précise pas le contexte exact de la scène. Il nous dit simplement que les apôtres sont impressionnés par l'attitude de Jésus. Ils aimeraient goûter, eux aussi, cette joie intérieure qui rayonne de lui lorsqu'il prie. « Comme il était quelque part en train de prier, quand il eut cessé, l'un de ses disciples lui demanda : "Seigneur, apprends-nous à prier." Jésus leur répondit : "Quand vous priez, dites : *Notre Père*" » (Lc 11, 1-2).

Il n'y a qu'un seul Dieu, le Père de tous. En disant « notre » Père, nous nous reconnaissons comme ses enfants. Nous sommes tous les fils d'un même Père. Chacun de nous est aimé d'une manière unique et singulière, et en même temps d'un amour universel, source de communion et d'unité entre les hommes.

Rejeter la volonté du Père n'est pas la condition de la dépendance de l'homme, mais le fondement de ses

10. *Ibidem*.
11. Cf. *ibidem*, 34.

contradictions et de ses angoisses. On voudrait aujourd'hui nous faire croire que seule une volonté individuelle, qui n'aurait de compte à rendre qu'à elle-même, affranchie de toute orientation, serait l'expression d'une authentique liberté. Jésus nous enseigne au contraire à aimer la volonté du Père pour rétablir en nous l'unité intérieure et faire retour à notre condition originelle. Son attitude nous révèle que c'est en nous maintenant, dans la volonté de Dieu, que notre liberté devient pleine et entière.

Au mont des Oliviers, le Christ s'offre pour que cette vérité devienne un chemin rédempteur pour l'homme. Dans la prière qui ouvre sa Passion, Jésus s'en remet à la volonté de son Père pour rétablir l'unité de l'humanité dispersée. Devant le désarroi et l'angoisse qui le bouleversent à l'approche de sa mort, Jésus prie ainsi : « Non pas ma volonté, mais ta volonté » (Mc 14, 36). C'est précisément dans ce contexte d'offrande de soi, que Jésus appelle son Père « *Abba* » (*ibid.*).

Plus tard, après la Résurrection, saint Paul verra dans la prière de Jésus à Gethsémani le prototype de la prière que l'Esprit met sur nos lèvres : « Vous avez reçu un esprit de fils adoptifs qui nous fait crier : *Abba ! Père !* » (Rm 8, 15 ; Ga 4, 6). L'agonie de Jésus à Gethsémani et la prière dans l'Esprit sont les seuls et uniques passages dans lesquels Jésus et l'Église appellent Dieu *Abba*. Appeler Dieu ainsi, ce n'est pas seulement utiliser un mot parmi d'autres. C'est, profondément et mystérieusement, entrer dans l'expérience de l'offrande de soi que le Fils réalise au jardin des Oliviers lorsqu'il dit : « *Abba !* Père ! » Appeler Dieu *Abba* sous la motion de l'Esprit, c'est remplir notre vie de la volonté de Dieu, la mettre à sa disposition, en faire le don en vue d'un culte parfait. Seul l'Esprit peut faire de nous « une éternelle offrande à sa gloire[12] ». Cela revient à dire que l'offrande de soi constitue la piété par excellence.

Les fruits du don de piété

Si le don de piété nous permet de nous lier à Dieu par une offrande de nous-mêmes et une fidélité consentie à nos devoirs de baptisé, alors – selon saint Bonaventure – il portera du fruit de trois manières dans notre âme.

D'abord, il nous aide *à connaître et à aimer le salut que Dieu nous apporte par le sang versé de son Fils Jésus-Christ.* Comme saint Paul, celui qui se laisse animer par l'esprit de piété peut s'exclamer : « Je me glorifie dans la croix du Seigneur Jésus. Ma vie, je la vis dans la foi au Fils de Dieu qui m'a aimé et s'est livré pour moi » (Ga 6, 14 ; 2, 20). De ce fait, le don de piété nous préserve d'une désinvolture à l'égard de Dieu, d'une attitude raide, méfiante ou scrupuleuse à son égard.

Ensuite, le don de piété est nécessaire au baptisé pour *rejeter le mal.* C'est l'apôtre Pierre qui le dit : « Le Seigneur délivre de l'épreuve l'homme pieux » (2 P 2, 9). Le contraire de la piété, c'est l'impiété. Et l'impiété est le péché qui consiste à se détourner de Dieu et à fomenter le mal. L'homme impie est hésitant, fourbe et menteur. À l'inverse, les hommes et les femmes qui se laissent guider par le don de piété, sont libres des déterminismes qui conduisent au mensonge et à l'égoïsme.

---

12. Cf. *Prière eucharistique* III.

Par conséquent, le don de piété nous inspire sans cesse la *recherche du bien*. Il est la condition pour trouver la paix et la lumière intérieures. Il nous conduit à demander à Dieu ce que Dieu veut pour nous. «La gloire de Dieu, c'est l'homme vivant, et la vie de l'homme, c'est la vision de Dieu», affirme saint Irénée de Lyon[13]. Être vivant ne se limite pas à respirer. L'homme vivant dont parle saint Irénée, c'est l'homme sauvé, devenu fils dans le Fils et appelé à la sainteté. C'est l'adhésion pleine et entière de l'homme à cette vocation qui constitue le culte véritable, l'adoration parfaite qui glorifie Dieu.

Il est ainsi des hommes et des femmes qui se laissent à ce point remplir du don de piété, qu'ils sont toujours exaucés. Leur seule prière, la voici : «Que ta volonté soit faite, sur la terre comme au ciel !»

Prière pour demander le don de piété

Ô Dieu fidèle, tu nous donnes vie
et dignité par ton alliance.
Accorde-nous le don de piété.
Toi seul es le Maître des événements,
et ta Providence révèle
combien nous sommes précieux à tes yeux.
À toi, tout est dû.
Par le don de l'Esprit, augmente en nous ta grâce
afin que l'expression de notre amour pour toi
soit toujours plus généreuse et transforme notre vie.
Ordonne notre existence à la louange de ton Nom
pour qu'en te louant nous soyons vraiment libres.
Fais de nous des reflets de ta bonté auprès de tous.

---

13. Cité dans *CEC* 294.

Que nos actes soient des hommages à ta gloire.
Nous te supplions de nous combler du don de piété
car c'est notre dignité de t'avoir pour Père.
Que l'Esprit Saint fasse de nous
des hommes nouveaux
en nous aidant à te consacrer la meilleure part
de nous-mêmes.
Qu'il favorise notre union avec toi
en nous faisant savoir ce que nous te devons
et en nous aidant à te l'offrir.
Amen.

4

LE DON DE CONSEIL

« Seigneur, à qui irions-nous ? »

« Alors, voulez-vous me quitter, vous aussi ? » Que va répondre Pierre à la question que Jésus vient de poser à ses apôtres ? Puisque Pierre a été choisi par Jésus pour être à leur tête, le rôle lui revient de répondre au nom de tous.

La réponse est d'autant plus attendue que la question est posée au milieu d'une situation tendue. La scène se passe sur les rives du lac de Galilée. Jésus vient de s'adresser longuement à une foule d'hommes et de femmes qui l'avaient suivi pour écouter son enseignement.

Avec des mots de tous les jours, il leur a parlé du Royaume des cieux. Des mots qu'ils connaissent bien : berger, brebis, porte, enfant, chemin, lumière, sel, lampe, vigne, d'autres encore. Le soir est tombé. Et ces gens n'ont rien à manger. Que faire ? Jésus refuse de les laisser partir affamés.

Voici qu'un enfant vient offrir son pique-nique composé de cinq pains et de deux poissons. Cela aurait suffi pour lui et pour sa famille. Mais pour cinq mille personnes, sans compter les femmes et les enfants ! Pourtant, Jésus accueille l'offrande de ce petit.

Après avoir béni les cinq pains et les deux pois-sons, Jésus les fait distribuer à la foule par les apôtres eux-mêmes. Lorsque tout le monde a mangé, on ramène encore douze pleines corbeilles.

Cette multiplication préfigure un pain plus abon-dant encore, un pain tout à fait nouveau : l'Eucha-ristie. «Le pain que je donnerai, c'est ma chair pour la vie du monde», annonce Jésus. Il révèle ainsi ce pour quoi il est venu : «Vos pères ont mangé la manne, et ils sont morts. Mais celui qui mange ma chair et boit mon sang a la vie éternelle» (cf. Jn 6, 49.54).

De telles paroles heurtent les auditeurs de Jésus : «Comment cet homme peut-il affirmer des choses pareilles : ma chair, une vraie nourriture ! mon sang, une vraie boisson ! Non, vraiment, cette parole est trop dure à entendre» (Jn 6, 60). Traduisez : «Cet homme délire. Il est fou. Enfermez-le ou tuez-le.»

Après l'avoir entendu, plusieurs disciples de la pre-mière heure prennent la décision d'abandonner Jésus. Pourtant, celui-ci ne revient pas sur ses paroles.

Les visages gênés des Douze, leur attitude embar-rassée, indiquent qu'eux aussi sont ébranlés par les propos de Jésus. Ils ne savent que penser.

«Et vous, vous voulez partir aussi ?» leur demande-t-il. Et Pierre de répondre, au nom de tous :

«Seigneur, à qui irions-nous ? Tu as les paroles de la vie éternelle.»

Pierre ne craint pas de se compromettre. Du fond de son cœur, il saisit les intentions du Seigneur. Sans être encore en mesure de les nommer, il les distingue de celles qui viennent du calcul et des ambitions des hommes. Alors, Pierre prend position. Il n'a pas peur de ce que les autres vont penser. Tous prétendent que suivre Jésus est insensé. Face à l'opinion de tous, Pierre donne une réponse à laquelle aucune logique humaine n'aurait pu aboutir : « À qui irions-nous ? Tu as les paroles de la vie éternelle. » Sous-entendu : « C'est à toi que nous voulons obéir. C'est à toi que nous voulons attacher notre existence. Tu sais mieux que nous ce que nous devons faire de notre vie. »

Le don de conseil évangélise nos choix

Si le don de crainte nous tient en présence de Dieu, si le don de piété nous donne de ne rien préférer à sa gloire, il en est un autre pour nous aider à conformer nos actes à la volonté divine, et c'est le don de conseil. Il nous préserve de prendre nos pensées pour des pensées divines (Ez 28, 2.6). Le don de conseil nous rend capables de discerner avec une lumineuse certitude et sans erreur possible ce que Dieu réclame de nous.

Prendre une décision est un acte de tous les jours. Quelle cravate choisir ? Quel livre lire ? Quelle route emprunter ? Fromage ou dessert ? Toute vie humaine est tissée d'initiatives, de choix, d'engagements. Prendre une décision est un acte de liberté, un signe de notre humanité et de notre identité. Cependant, personne ne peut décider à la place d'un autre, pas même Dieu. S'il nous appelle à conformer notre volonté à la sienne, il nous laisse capable de prendre en main notre existence. Dieu s'adresse à nous comme à des personnes libres. Il nous appelle par notre nom, c'est-à-dire à partir de ce que nous sommes et de ce que nous avons d'unique pour que chacun porte du fruit « selon son espèce » (Gn 1, 12).

Il nous dit « *toi* », tout en laissant chacun devenir l'artisan de sa propre histoire. Il offre à chacun la possibilité de poser des actes qui vont dans le sens de sa vocation personnelle.

Si nous avons de multiples choix à poser, certains sont définitifs, comme par exemple le « oui » par lequel l'on décide de consentir à notre dignité d'enfant de Dieu en répondant à notre vocation particulière dans l'Église. Si ce choix est sans retour, c'est parce qu'il correspond pleinement à l'appel personnel de Dieu à mettre en œuvre notre baptême sur le chemin d'une mission particulière et répondant aux exigences d'un état de vie, qu'il soit laïc – et pour beaucoup au sein du mariage – sacerdotal ou religieux. D'autres choix sont ponctuels. Ils correspondent à une étape qui précède ou confirme le grand oui fondateur. Ces choix sont liés à des circonstances précises, propres à chacun. Ils auront nécessairement des formes différentes selon la situation de la personne à un moment donné de son existence. Dans tous les cas, le choix est un acte intérieur d'adhésion aux lois de la vie et à la Parole de Dieu qui les fonde.

Cependant, il en est dans notre société qui sont tentés de s'attacher à des conventions, artificielles et créées de toutes pièces. Au milieu de tous ces conformismes, le Christ nous demande de rester libres. Sous la motion de l'esprit de conseil, nous pouvons reconnaître le chemin d'un authentique bonheur humain que d'autres voudraient nous cacher. Il faut se souvenir de la parole de l'apôtre Paul : « Ne vous modelez pas sur le monde présent, mais discernez la volonté de Dieu, ce qui lui plaît et ce qui est bon pour vous, ce qui est parfait » (Rm 12, 2). Et le même apôtre Paul de poursuivre ailleurs son idée : « N'éteignez pas l'Esprit de Dieu, mais discernez ce qui est bien et faites-le» (1 Th 5, 19.21).

«Discernez»: face aux bons conseils des hommes, c'est encore l'Esprit Saint qui est le meilleur conseiller. Il évangélise nos choix. Le don de conseil supplée à nos hésitations. Dans telle circonstance concrète de notre existence, à telle étape de notre vie, il nous aide à discerner ce qu'il convient de faire en vue de répondre à notre vocation personnelle et d'y demeurer fidèle. Il nous souffle ce qu'il faut dire, et nous le fait dire au bon moment. Lié à une intuition d'origine supérieure, le don de conseil éclaire les moindres événements de la vie ordinaire de la lumière même de l'Esprit Saint. Il nous inspire les décisions nécessaires à prendre pour nous garder de l'erreur et du péché. Non seulement l'esprit de conseil nous fait connaître la volonté de Dieu dans telle situation particulière, mais il nous fait intimement comprendre que refuser d'y consentir, c'est courir le risque d'une déception finale.

Et quand tout va mal? Quand des circonstances écrasantes, un environnement difficile, de grandes souffrances ou des révoltes intérieures surgissent: que faire? Comment faire? Même et surtout dans ces moments-là, l'Esprit Saint demeure source de lumière. Lorsque l'on se trouve au creux de la vague et que l'on se demande comment il sera possible de remonter à la surface, l'Esprit Saint nous inspire l'attitude intérieure pour garder la joie et permettre à notre vie de toujours porter du fruit, malgré ce qui à vue humaine paraît infécond. Ces moments d'accablement, ces traversées du désert, peuvent devenir dans l'Esprit Saint des moments de purification où nous nous laissons toucher par la lumière et la force de Dieu.

En dépit de l'aveuglement de la volonté et de l'intelligence dû au péché, celui qui se laisse éclairer par l'Esprit Saint, parvient à saisir la volonté de Dieu, même à travers les déterminismes et les épreuves. L'antidote à tous nos doutes, ce n'est pas notre logique humaine ou nos calculs à courte vue, mais l'esprit de conseil.

« Maître, que dois-je faire de bon ? »

« C'est du fond du cœur que le jeune homme riche adresse cette question à Jésus de Nazareth, question essentielle et inéluctable pour la vie de tout homme : elle concerne, en effet, le bien moral à pratiquer et la vie éternelle [1]. » « Si tu veux entrer dans la vie, répond Jésus, observe les commandements » (Mt 19, 17). « Lesquels ? » lui demande le jeune homme riche. « Jésus reprit : "Tu ne tueras pas, tu ne commettras pas d'adultère, tu ne voleras pas, tu ne porteras pas de faux témoignage, honore ton père et ta mère, et tu aimeras ton prochain comme toi-même" » (Mt 19, 18-19). Ces commandements représentent la base et la condition de la liberté humaine. « La première liberté, c'est donc de ne pas commettre de péchés graves, comme l'homicide, l'adultère, la souillure, le vol, la tromperie, le sacrilège, et toutes les autres fautes de ce genre. Quand un homme s'est mis à renoncer à les commettre – et c'est le devoir de tout chrétien de ne pas les commettre –, il commence à relever la tête vers la liberté [2]. »

La réponse à la question que le jeune homme riche

---

1. JEAN-PAUL II, lettre encyclique *La Splendeur de la vérité*, 8.
2. Saint AUGUSTIN, cité dans *La Splendeur de la vérité*, 13.

pose à Jésus, nous la recevons aujourd'hui de
l'Église. En elle, nous rencontrons le Christ. Nous
communions à sa sainteté et à sa mission. L'Église
parle au nom du Christ qui la fonde et qui, par elle,
se rend présent à tous les hommes de tous les temps.
Elle tire sa vie et son enseignement du Christ lui-
même. L'Église veut avant tout ouvrir l'homme à lui-
même. Elle n'a de cesse d'orienter les choix des personnes et des communautés vers ce qui est conforme
à la grandeur de l'homme. La mission de l'Église est
d'ouvrir chaque homme au Christ, principe et
modèle de l'humanité rénovée et sauvée. Comme
jadis le jeune homme riche s'adressant au Christ,
l'homme d'aujourd'hui est appelé à se tourner vers
l'Église pour recevoir d'elle la réponse sur ce qui est
bien et sur ce qui est mal[3]. Parce qu'elle est fondée
sur le Christ, «l'Homme Nouveau» (Ep 4, 24), et tire
de lui seul sa vie, sa nature et sa mission, l'Église est
appelée à être la conscience de tout homme.

Au quotidien, il peut sembler que le don de conseil
ne nous dise rien de précis. Dans ce cas, nous
sommes renvoyés aux enseignements de l'Église et à
ses commandements. Dieu n'a pas besoin de nous
rappeler ce que notre raison est capable de saisir
dans l'ordre du bien : observer la loi naturelle, respecter son père et sa mère, aimer le prochain, ne pas
voler, ne pas tuer, etc. Quant aux obligations propres
à la vie chrétienne, telles la participation à l'Eucha-
ristie dominicale, la prière quotidienne ou la confession régulière, il s'agit là «d'engagements auxquels
on ne peut renoncer et qu'il faut vivre, non seulement pour obéir à un précepte, mais parce que c'est

---

3. Cf. *La Splendeur de la vérité*, 8.

une nécessité pour une vie chrétienne vraiment consciente et cohérente[4]». Voilà les points qu'il faut commencer par mettre en pratique. En agissant ainsi, nous sommes sûrs, non seulement de ne pas nous tromper, mais de progresser.

L'Église et son enseignement sont les cibles de critiques qui ont cours dans l'opinion publique, parfois même parmi des catholiques. Pour beaucoup d'entre eux, l'enseignement de l'Église est «trop dur à entendre». C'est oublier que lorsqu'elle rappelle les impasses dans lesquelles ne peuvent manquer d'aboutir certaines options morales, politiques voire même pastorales, l'Église n'additionne pas des refus arbitraires et obstinés. Elle annonce comme une Bonne Nouvelle les exigences de notre baptême et ce qui est utile à tout homme de bonne volonté pour vivre correctement et pleinement en être humain. Même «dur à entendre», son discours est un appel aimant adressé à tout homme pour répondre à sa vocation à la sainteté. Et le don de conseil nous aide à l'entendre ainsi.

Celui qui se laisse éclairer par le don de conseil éprouve l'ardent désir de suivre Jésus pour mettre sa vie au service de sa vocation et de sa mission dans l'Église et la société. Le respect de Dieu qu'infuse en nous le don de crainte, l'esprit filial par lequel le don de piété nous lie au Père, le don de conseil les applique au moment où nous serions le plus tentés de choisir la facilité et la médiocrité.

---

4. JEAN-PAUL II, lettre apostolique *Au début du nouveau millénaire*, 36.

Demandez conseil
à votre père spirituel habituel

Dans notre vie spirituelle, nous ne pouvons pas être juge et partie. « L'homme ne doit pas tenir son conseil de lui-même, mais il doit le demander à un autre[5]. » Nous avons toujours besoin d'un conseil, qu'il soit d'ordre professionnel, conjugal, sentimental ou personnel. « Fais tout avec conseil, et tu ne t'en repentiras pas » (Si 32, 19). Si nous restons seuls à réfléchir dans notre coin, nous courons le risque de faire fausse route. Ou de manquer d'enthousiasme faute d'avoir quelqu'un pour nous indiquer le chemin et nous encourager à progresser.

D'où la nécessité d'avoir un père spirituel. De même qu'il importe de bien nous équiper avant de partir en montagne ou en mer, de même il importe d'être bien accompagné en vue de poser un jour le « oui » fondateur de notre vie et de le maintenir vivant.

Le père spirituel a pour mission de nous guider dans notre vie baptismale de manière à ce que notre dignité d'enfant de Dieu s'exprime par des actes conformes à l'amour du Christ et à la sollicitude de l'Église sur nous. La vie spirituelle est différente de la vie psychologique. Cette dernière est très importante pour connaître nos limites, nos trames et nos nœuds intérieurs, nos réactions profondes, en un mot les richesses et les bleus de notre psyché. Notre psychologie est une donnée fondamentale de notre être. L'unité de notre corps, de notre cœur et de notre esprit concerne notre être le plus intérieur, notre

---

5. Saint BONAVENTURE, *Les Sept Dons du Saint-Esprit, op. cit.*, p. 154.

cœur profond, là où «le Verbe se fait chair» (Jn 1, 14), là où la rencontre intime et personnelle avec Dieu se fait. La connaissance de soi au niveau psychologique peut et doit faire émerger une vie nouvelle dans l'Esprit. Accueillir la vie du Christ, apprendre à se laisser animer par l'Esprit est un chemin de vie.

Parce que nous voulons être guidés par l'Esprit Saint, nous nous adressons à un père spirituel. Mais attention : il ne faut pas confondre le père spirituel avec le don de conseil. Le premier n'est pas l'incarnation du second. L'Esprit Saint n'est pas le père spirituel, mais il passe par lui. Le véritable Maître, c'est l'Esprit de Dieu lui-même qui prend en charge notre croissance dans la sainteté. Le père spirituel doit veiller à ne pas lui faire écran.

Puisque le but de l'accompagnement spirituel est de progresser dans notre vie baptismale, le sacrement du pardon y trouve sa place, même s'il ne se reçoit pas forcément au même rythme que les entretiens avec le père spirituel. Le contenu de ces derniers touche les points d'efforts choisis avec le conseiller : la prière, la vie morale, les relations avec les autres, etc. Tandis que dans la confession, nous avouons nos péchés. Mais ce sacrement peut être l'excellente issue d'un entretien avec le père spirituel.

La principale qualité d'un père spirituel est de se laisser éclairer lui-même par l'Esprit Saint. À lui, nous pouvons nous fier et nous confier. Il ne faut pas hésiter à lui exposer aussi bien nos joies et nos succès, que nos troubles et nos doutes. Quant à ce que nous serions tentés de cacher, voilà précisément ce dont il faut parler en priorité.

Il revient au père spirituel de nous stimuler, de

nous apaiser, de nous faire réfléchir, éventuellement de nous faire patienter lorsque nous aurions tendance à vouloir brûler les étapes. La manière parfaite d'avancer dans notre vie chrétienne ne consiste pas à faire tout en même temps, mais à nous rendre disponible aux motions de l'Esprit de Dieu.

Le père spirituel est à nos côtés pour nous faire découvrir la volonté du Seigneur, non pour prendre une décision à notre place. Voilà qui suppose confiance et obéissance. Écouter humblement ses conseils est le plus sûr moyen d'adhérer à ce qui nous est le plus avantageux sur le plan spirituel[6].

Conseil et prudence

Sur le plan moral et naturel, la vertu cardinale de prudence «dispose la raison pratique à discerner, en toute circonstance, notre véritable bien et à choisir les justes moyens pour l'accomplir[7]». La prudence ne se confond pas avec la timidité ou la peur, ni avec la duplicité ou la dissimulation[8]. L'homme prudent s'efforce au contraire d'interpréter les données de l'expérience et les signes des temps grâce à sa propre réflexion et aux conseils de personnes avisées.

Mais au point de vue surnaturel, le don de conseil oriente nos décisions vers la volonté du Seigneur. En écartant de nous le manque d'objectivité dans nos jugements, il nous rend capables de saisir la valeur providentielle d'un événement particulier. L'Esprit

---

6. Cf. Ludovic LÉCURU, *Connaître et aimer sa vocation*, Sarment, 2002, p. 244-247.
7. *CEC* 1835.
8. Cf. *CEC* 1806.

nous donne de vouloir et agir selon la sagesse et l'amour avec lesquels le Créateur ordonne notre existence. Il nous évite ainsi les chemins de mort. La prudence surnaturelle nous guide pour savoir comment adhérer à la Parole de Dieu et appliquer les lois de vie qu'elle inspire.

La prudence, si parfaite soit-elle sur le plan naturel, n'arrivera jamais à faire les choses aussi bien que lorsque l'âme est mue par le don de conseil. Sous son impulsion, nous discernons avec certitude ce que la charité réclame de nous. Notre réflexion, souvent hésitante, est soulevée par l'Esprit Saint, lequel nous inspire directement les choix à poser et les moyens à prendre en vue de répondre à notre vocation à la sainteté.

Prière pour demander le don de conseil

Esprit Saint, inspire-moi ce qui est droit
et aide-moi à l'accomplir avec empressement.
Accorde-moi l'esprit de conseil
afin que je vive en accord avec toi.
Tandis que je chemine sur cette terre,
aide-moi à discerner ce qui est bon.
Sans toi, ô Esprit de Dieu,
il est impossible de te plaire ;
donne-moi un grand amour de tes commandements
et illumine mon cœur pour que je les applique
avec une joyeuse fidélité.
Écarte de moi les doutes et les erreurs
afin que toutes mes actions
trouvent en toi leur lumière.
Que ma volonté soit une fidèle servante
de ta Providence.
Amen.

5

LE DON DE FORCE

La sérénité du Christ

« J'ai compris ce que je dois faire. J'ai décidé de le faire. Mais comment ? »

Le choix est contraire à la passivité. Aussi, une fois la décision prise sous la motion du don de conseil, il ne s'agit pas d'en rester là. Il faut mettre en œuvre ce que l'Esprit Saint indique de faire. Et c'est encore lui qui nous donne la force de réaliser ce qu'il inspire. Le choix est pris d'abord dans le cœur profond, le centre intime de l'être, lieu des décisions conformes au vrai et au bien. Mais la détermination doit être solidement prise, sans quoi la décision, si bonne et conforme à la volonté de Dieu soit-elle, risque d'être sans lendemain. Par le don de force, l'Esprit Saint procure au baptisé les moyens d'accomplir jusqu'au bout ce qui est nécessaire au salut. Tandis que le don de conseil agit sur l'intelligence, le don de force agit sur la volonté. « Le don de force est le premier fruit de la présence active des trois Personnes divines en notre cœur[1]. »

Vincent, trente-huit ans, est père de famille. Il vient d'apprendre que son épouse, Agnès, est grave-

---

1. Jean-Claude SAGNE, *Traité de théologie spirituelle, op. cit.*, p. 87.

ment malade et qu'elle sera hospitalisée durant de longues semaines. Cette nouvelle bouleverse Vincent. L'inquiétude due à la maladie de sa femme, la solitude devant des tâches qu'il pense ne pas pouvoir assumer sans elle, les attentes d'Agnès à l'égard de Vincent pour l'aider à affronter sa peur de la maladie : autant de circonstances qui font naître chez Vincent une angoisse intérieure. La tentation est grande de fuir, de se débarrasser de ses responsabilités. C'est le temps du choc et de la plainte. C'est son « jardin des Oliviers » à lui. C'est au jardin des Oliviers que Jésus exprime à son Père sa peur et son angoisse. Alors lui apparaît un ange qui le réconforte (cf. Lc 22, 43). La situation de Jésus ne change pas, mais il traverse cette situation en l'accueillant. Le don de force est comme cet « ange », cet élan intérieur qui nous donne d'affronter la réalité des événements sans cesser de rester uni au Père.

Les situations que nous avons à traverser ne sont pas toutes aussi aiguës que celle de Vincent et d'Agnès. Dans tous les cas, le don de force nous permet de réagir au milieu des épreuves avec la sérénité du Christ. Ce don nous aide à faire face aux difficultés et aux contrariétés avec cette patience silencieuse qui sauvegarde la paix intérieure. Le don de force n'est pas l'aboutissement des efforts humains mis bout à bout. L'Esprit Saint est premier. Cette priorité n'empêche nullement nos initiatives. Le don de force nous apprend à exercer notre liberté, à mettre en œuvre nos possibilités. Comment accepter la réalité du mal ? Comment faire face aux oppositions, aux peurs, aux critiques ? Ce sont là des situations qui jalonnent toute existence humaine. C'est ce que Jésus a vécu. Par la force de son Esprit, il nous aide à traverser des moments difficiles, à poursuivre des efforts entrepris en demeurant dans une attitude de don et de communion au Père.

L'effort des forts

Le don de force perfectionne la vertu cardinale de force. Sur le plan naturel, l'homme fort n'est pas celui qui joue les gros bras, mais celui qui demeure maître de lui. L'homme fort connaît ses faiblesses. Il a peur de prendre la parole en public, il a peur d'avancer une opinion différente, il a peur d'accomplir ce qu'il sait être bien et juste, etc. Acquérir la vertu de force suppose que l'on se reconnaisse vulnérable. L'homme fort apprend à se dominer et acquiert ainsi la patience contre l'emportement et la fuite. La vertu cardinale de force le garde paisible et courageux, constant au-dessus des turbulences de la vie.

Sur le plan surnaturel, le don de force nous aide à triompher des craintes et des défaillances dues au péché et contraires à notre dignité d'enfant de Dieu. Parce que l'homme a péché et s'est éloigné de Dieu en se prenant pour son égal, il ne peut plus rien. Il a rêvé d'être fort par ses seuls moyens. Et l'homme a tout perdu.

Comme il en est ainsi, Dieu a multiplié les alliances avec nous pour nous sauver. Il est clair que c'est lui seul qui agit et sauve : «C'est moi, le Seigneur, qui te viens en aide. En dehors de moi, il n'est pas d'autre Sauveur» (Is 41, 13 ; 43, 3). Si Dieu rend l'homme fort, c'est pour qu'il fasse l'expérience de son triomphe sur le mal. Ce qui fait dire à l'apôtre Paul : «Nous pouvons tout en celui qui nous rend forts» (cf. Ph 4, 13).

L'Esprit Saint est source de force, non à la manière des hommes, physique et musclée, mais à la manière de Dieu : « Ce qu'il y a de faible dans le monde, voilà ce que Dieu a choisi pour confondre les forts » (1 Co 1, 27). En parlant ainsi, l'apôtre Paul souligne la force que l'homme trouve en Dieu en l'opposant à l'impuissance dans laquelle il demeure loin de Dieu.

De surcroît, en nous donnant le don de force, l'Esprit Saint prend l'initiative de nos actes. Ce sont bien *nos* actes. Cependant, ils sont posés sous l'emprise directe, spéciale et personnelle de l'Esprit Saint. Notre volonté est mue par lui, mais de manière telle que c'est bien moi qui accomplis *cet* acte[2]. Divinement stimulés, nous devenons capables de renverser les difficultés qui font obstacle à notre sainteté.

Être fort, c'est possible

Selon saint Bonaventure, le baptisé, s'il veut se disposer à recevoir le don de force, doit poser un acte de foi, d'espérance et de charité.

Un acte de foi. Car la force du disciple doit être mise à la disposition de la volonté de Dieu et de son œuvre de salut, non au service d'objectifs humains. Par sa foi, l'homme consent d'avance au projet de Dieu sur le monde.

Un acte d'espérance. En tout chrétien, vibre un souci d'évangélisation à réaliser à travers le témoignage d'une vie centrée sur les promesses de Dieu. Qu'est-ce que l'espérance, sinon la seule raison qui

---

2. Cf. Saint Thomas d'Aquin, *Somme théologique*, II^a-II^æ, q. 23, a. 2.

justifie notre combat spirituel contre l'esprit du
monde ? Le *Catéchisme de l'Église catholique* nous précise que «l'espérance est la vertu théologale par
laquelle [nous mettons] notre confiance dans les promesses du Christ et en prenant appui, non sur nos
forces, mais sur le secours de la grâce du Saint-
Esprit[3]». Isaïe dit : «Ceux qui espèrent dans le Seigneur renouvellent leur force» (40, 31).

La vertu théologale d'espérance maintient dans le
cœur du disciple la certitude que le plan du Seigneur
se réalisera malgré des événements incompréhensibles à échelle humaine. Le baptisé fait siennes les
paroles de la liturgie : «Rassure-nous devant les
épreuves en cette vie où nous espérons le bonheur
que tu promets.»

Un acte de charité. La question de l'apôtre Paul n'a
rien perdu de son actualité : «Qui nous séparera de
l'amour du Christ ? La tribulation ? La peur ?
L'angoisse ?» (Rm 8, 35-38). En tout cela nous
sommes les «grands vainqueurs» (v. 37), si nous
posons notre regard sur le Christ.

En définitive, conclut saint Bonaventure, «si nous
ne sommes pas liés au Seigneur par la charité, nous
perdons facilement notre force[4]».

La force des martyrs témoigne de leur foi, de leur
espérance et de leur charité au milieu de graves tri-
bulations. Les martyrs de tous les temps nous
apprennent à dire oui jusqu'au bout, sans conditions
ni limite. Leur vie exprime la fidélité de l'Église au

---

3. *CEC* 1817.
4. Saint BONAVENTURE, *Les Sept Dons du Saint-Esprit, op. cit.,*
p. 121.

Christ vainqueur du mal et du péché par le don de lui-même.

Les martyrs de tous les temps nous apprennent à dire non à la facilité, aux conformismes, aux compromis avec le mensonge, à toute forme d'injustice. Ils se sont montrés libres de la vraie liberté, celle qui prend sa source dans le Christ (cf. Jn 8, 31) et qui ne cède ni devant l'oppression, ni devant la violence. Leur exemple n'est pas tant un exemple d'héroïsme qu'un exemple de sainteté. L'héroïsme, c'est ce dont l'homme est capable. La sainteté, c'est ce dont Dieu est capable.

En leur faisant le don de force, l'Esprit Saint a fait de la vie des martyrs un don pour l'Église.

La « parrhèsia »

Le don de soi n'est pas réservé aux martyrs. Tout baptisé n'est peut-être pas appelé à «résister jusqu'au sang dans sa lutte contre le péché» (Hb 12, 4). Néanmoins, tout baptisé est appelé à offrir au Seigneur sa vie «en sacrifice vivant, saint, agréable à Dieu» (Rm 12, 1).

Le vrai témoin (*martus*, en grec) est celui qui, dans des circonstances difficiles (le témoignage de sa foi au Christ dans un monde hostile, un projet qui a échoué, un grave handicap personnel ou celui d'un proche, une injustice, un travail pénible, des incompréhensions, des faiblesses dues au grand âge, etc.) fait preuve d'un esprit de confiance et d'un abandon à Dieu, certain que celui-ci lui donnera la force de ne pas se décourager.

Pour y parvenir, la grâce du sacrement de confirmation, lequel «augmente en nous les dons de

l'Esprit Saint⁵», est particulièrement nécessaire.
Aurélie, maintenant mère de famille, en témoigne :
«Lorsque j'étais au collège, j'avais peur d'affirmer
devant les autres que j'étais chrétienne et prati-
quante. Un jour, j'ai même refusé de lever le doigt
pour répondre à la question d'un professeur qui vou-
lait savoir qui allait à la messe le dimanche parmi ses
élèves. Après coup, j'ai eu honte. À l'âge de seize ans,
j'ai été confirmée. À partir de ce jour, tout a changé.
Je n'ai plus du tout eu peur de témoigner de ma foi
au Christ et de ma fidélité à l'Église devant les autres
quand les circonstances l'exigeaient. J'en étais
étonnée moi-même. J'ai expérimenté ce que Jésus
promet dans l'Évangile : "Ne vous préoccupez pas de
ce que vous aurez à dire, ni comment vous défendre,
l'Esprit Saint vous enseignera à ce moment ce qu'il
faut dire."» (Mc 13, 11 ; Lc 12, 12.)

Aurélie a fait sienne la prière que les apôtres Pierre
et Jean adressent au Seigneur à l'issue de leur incar-
cération à Jérusalem : «Seigneur, considère les
menaces qui pèsent sur nous et permets à tes serviteurs d'annoncer ta parole en toute assurance»
(Ac 4, 29). Le don de force a fait grandir en Aurélie,
comme il peut faire grandir en chacun de nous, la
vertu chrétienne qui doit animer le témoin du
Christ : la *parrhèsia*. La *parrhèsia* exprime à la fois la
confiance du disciple envers Dieu et l'assurance du
témoin envers les hommes. Elle se fonde sur l'inhabitation de l'Esprit Saint dans l'âme du baptisé qui fait
de lui un enfant de Dieu.

Sainte Thérèse de l'Enfant-Jésus est un exemple
éloquent de cette *parrhèsia* chrétienne. Durant sa
courte vie au carmel de Lisieux, elle a su se tourner

---

5. *CEC* 1303.

vers Dieu avec une audace à la mesure de la grâce divine. Dotée du don d'intelligence d'une manière exceptionnelle, voici ce qu'elle écrit : « [Le Bon Dieu] me fit comprendre [*don d'intelligence*] que ma gloire à moi ne paraîtrait pas aux yeux mortels, qu'elle consisterait à devenir une grande sainte ! Ce désir pourrait sembler téméraire si l'on considère combien j'étais faible et imparfaite et combien je le suis après sept ans passés en religion ; cependant je sens toujours la même *confiance audacieuse* de devenir une grande sainte, car je ne compte pas sur mes mérites, n'en ayant *aucun*, mais j'espère en Celui qui est la Vertu, la Sainteté même. C'est Lui seul qui, se contentant de mes faibles efforts, m'élèvera jusqu'à Lui et, me couvrant de Ses mérites infinis, me fera Sainte[6]. » À l'imitation de sainte Thérèse, le don de force nous élève au-dessus des sécurités humaines afin de ne compter que sur Dieu seul.

Grâce à la *parrhèsia*, il est possible au disciple de s'approcher de Dieu avec confiance, surtout dans la prière. Grâce à la *parrhèsia*, le témoin du Christ est capable de confesser sa foi devant les hommes et de supporter les hostilités et les contrariétés avec courage et fidélité.

La conversion

Pour atteindre ce but, tout baptisé doit au préalable se convertir. La conversion consiste à mettre un amour renouvelé dans tout ce que l'on faisait de façon habituelle, sans âme ni oblation. Elle transforme une attitude médiocre en une mise en œuvre

---

6. Dans *Œuvres complètes*, Cerf-DDB, 1996, *Manuscrit A*, 32 r°.

de l'Évangile. « Dieu est là », répétait Lahsen, ce SDF, zonard perdu à Paris dans le quartier des Halles. À force de trouver abri dans les églises, il apprit à rencontrer le Christ et à s'accepter lui-même. Un jour, il demanda le baptême et le reçut au terme d'une démarche de foi et d'une conversion étonnante. « Ce Dieu, il est à l'intérieur de moi, disait Lahsen. Moi je peux le quitter, mais lui il ne me quitte jamais. Quand je m'aperçois que je l'ai quitté, eh bien, je me sens poussé à revenir vers lui, revenir "dans sa façon", c'est ça la conversion[7] ! »

Sans la conversion, aucune vie de communauté n'est possible. Pensons à la famille. Pour que règne en son sein un climat d'alliance, de paix, de fidélité et de pardon, Dieu invite ses membres à la conversion. Quels sont les péchés et les défauts dont parents et enfants doivent être libérés par la force de l'Esprit Saint ? L'absence de justice dans les paroles et les actes, le manque d'écoute qui empêche de comprendre l'autre (son conjoint, son enfant, son frère...), la complaisance avec l'esprit du monde, la satisfaction personnelle plutôt que l'offrande de soi, la précipitation dans les décisions et les chagrins qu'elle entraîne, etc.

Au sein du couple et de la famille, comme au sein de toute communauté, il existe mille raisons de se demander pardon chaque jour : pardon, parce que je ne t'ai pas assez attendu ; pardon, parce que je n'ai pas voulu faire attention à toi ; pardon, parce que je consacre tout mon temps aux enfants, à mon travail, et toi je t'oublie ; pardon, parce que j'ai préféré ce qui était facile et sans importance ; pardon, parce que j'ai

---

7. Revue *Chemins d'éternité*, n° 191, p. 10.

manqué de confiance en toi. Une journée ne doit jamais s'achever sur la rancœur, mais toujours sur un signe de pardon et de tendresse.

Dans la séquence de la Pentecôte, nous chantons : « Sans ta force, rien en l'homme qui ne soit perverti ». Le don de force nous assiste et nous protège dans notre lutte contre le péché. Il nous aide à maintenir les exigences de notre baptême. « Bien qu'en effet l'homme ait été racheté et que l'Esprit soit déjà donné, demeure cependant ouverte la triste possibilité de retourner à l'état charnel, c'est-à-dire à l'homme naturel, déchu, non racheté, en proie à son propre égoïsme qui considère tout par rapport à lui-même. Alors, l'Esprit *aide* le croyant à se libérer de cette force négative radicale, le *rend capable* [*don de force*] d'adhérer à la loi fondamentale de la vie qui consiste à s'ouvrir à Dieu et aux frères, en orientant sa propre existence selon les critères de l'amour[8]. »

« Laissez-vous guider par l'Esprit ! » nous encourage saint Paul (Ga 5, 16). Le don de force nous aide à ne pas fléchir sur notre chemin de conversion.

Prière pour demander le don de force

Dieu de puissance et de force,
sans toi, rien n'est fort, rien n'est saint ;
envoie sur moi ton Esprit.
Qu'il m'accorde le don de force
qui enlève aux attaques de l'ennemi leur violence
afin que je puisse toujours discerner ta volonté
et y demeurer attaché.

---

8. Conseil de présidence du grand Jubilé de l'an 2000, *L'Esprit Saint remplit l'univers*, Mame, 1997, p. 113.

Apprends-moi à témoigner de ma foi,
de mon espérance et de ma charité
au milieu des vicissitudes de ce monde.
Donne-moi de résister à l'esprit du mal,
aux tentations et aux illusions.
Toi qui as dit que tu serais la force des humbles,
réponds à mon attente :
soutiens-moi toujours,
aide-moi à renoncer à ce qui m'éloigne de toi.
Convertis mon cœur afin que je sois assez fort
pour agir comme il te plaît sans jamais faiblir
et être fidèle à mon baptême tout au long de ma vie.
Amen.

6

LE DON D'INTELLIGENCE

« Une inspiration secrète »

Dans une école, on fit un jour passer un test aux enfants afin d'évaluer leurs capacités intellectuelles. À la question : « Qu'obtient-on lorsque la neige fond ? » les enfants répondirent à l'unanimité : « De l'eau. » Sauf Grégory qui répondit : « Le printemps. »

Recalé, Grégory. Jugé moins brillant que ses camarades, il fut changé d'orientation.

Et si Grégory était doué d'une intelligence plus fine, déjouant les manières habituelles de comprendre les réalités de l'univers ?

Un théologien du XIIᵉ siècle, Rupert de Deutz († en 1129), définit le don d'intelligence comme « la faculté, dans l'ordre des sept esprits, par laquelle, sans le secours des moyens humains, les paroles divines se font entendre de l'intérieur et sont perçues dans leur vrai sens [...]. Nous sommes instruits non de l'homme ni par l'homme, mais par une inspiration secrète[1] ». En clair, l'Esprit Saint, par le don d'intelligence, permet à l'esprit humain de voir les choses du

---

1. *Les Œuvres du Saint-Esprit*, IV, 3.

dedans, de saisir plus facilement leur dimension habituellement inaccessible aux sens.

Du visible à l'invisible

La nature possède en elle-même un message, un ordre interne. La permanence des lois physiques, le déroulement des saisons, nous l'indiquent. Nous pouvons y lire la pensée et la volonté de Dieu, ainsi que la manière dont nous devons vivre ce message. L'auteur du livre de la Sagesse affirme qu'en regardant la création on peut remonter au Créateur : « La grandeur et la beauté des créatures, dit-il, font, par analogie, contempler leur Auteur » (Sg 13, 5). Reprenant cette certitude du sage de l'Ancien Testament, saint Paul confirme qu'à travers le créé, les yeux de l'esprit parviennent à connaître la puissance et la divinité de Dieu, source de toute vie : « Ce qu'il y a d'invisible depuis la création du monde, se laisse voir à l'intelligence à travers les œuvres de Dieu » (Rm 1, 20). C'est pourquoi, l'homme est capable de comprendre le principe de toute chose, et en particulier de sa propre existence, grâce à son intelligence éclairée par l'Esprit Saint.

Tout en s'adaptant aux limites des facultés humaines, l'Esprit Saint nous enrichit d'une capacité nouvelle à comprendre le monde au-delà des apparences sensibles. Grâce à une « inspiration secrète » toute particulière, nous sommes en mesure d'atteindre le principe absolu à l'origine de toutes les réalités, visibles et invisibles.

Dieu le premier se fait connaître à l'homme, lequel, par sa seule raison, n'aurait jamais été en mesure d'entrer en communion avec lui. « Dieu est

un Dieu caché », dit l'Écriture (Is 45, 15). De surcroît, le péché a fait perdre à l'homme l'intimité
originelle qu'il partageait pleinement avec le Très-
Haut.

La compréhension des phénomènes ne peut se
fonder uniquement sur une observation attentive
des choses qui se produisent en nous et autour de
nous. Cette compréhension suppose également la
certitude qu'une vérité ultime et absolue, source de
joie et d'émerveillement, transcende l'expérience
singulière.

Si la création a été une première manifestation des
perfections invisibles, Dieu s'est désormais révélé en
son Fils (cf. 2 Co 4, 6). Le Christ est celui par qui
tout être a été créé et par qui tout subsiste : « Dieu a
voulu que, dans le Christ, toute chose ait son accomplissement total » (cf. Col 1, 19). Ce que la raison
humaine cherche à tâtons, ne peut être atteint que
par le Christ. L'action illuminatrice de l'Esprit Saint
conduit notre intelligence à comprendre la vérité sur
Dieu et sur le monde. Par l'action de l'Esprit Saint,
le Christ se révèle à l'homme comme la vérité parfaite et absolue.

Le don d'intelligence,
gardien de la vertu théologale de foi

Saint Paul s'adresse aux Éphésiens pour leur
annoncer qu'ils sont appelés « à comprendre, avec
tous les saints, ce qu'est la largeur, la longueur, la
hauteur et la profondeur » du plan de Dieu (Ep 3,
18-19). Il ne s'agit nullement ici de catégories géo-
métriques, mais d'une vocation à partager l'absolue
connaissance que Dieu a de lui-même et de nous.

L'acte de foi marque le consentement à cette vocation. En croyant, «l'homme s'en remet tout entier et
librement à Dieu dans un complet hommage d'intelligence et de volonté à Dieu qui révèle[2]». Certains
commentateurs ont pu reprocher à cette définition
de l'acte de foi son côté volontariste. Certes, la foi ne
résulte pas des efforts de la volonté et de d'intelligence humaines seulement, si essentiels soient-ils.
Elle résulte aussi et surtout «de la grâce prévenante
et aidante de Dieu, ainsi que des secours intérieurs
du Saint-Esprit[3]».

La foi est un don de Dieu en même temps que
l'adhésion personnelle à son Nom, *un assentiment libre à
la vérité* qu'il nous révèle. Cette adhésion et cet
assentiment nous font comme «toucher» Dieu. Notre
cœur «l'atteint». Il se réalise une véritable rencontre,
une participation à l'Être même de Dieu. Nous
sommes loin ici d'une démarche sèche et dénuée
d'amour.

La lumière de l'Esprit Saint est d'autant plus
nécessaire à notre pauvre intelligence humaine que
l'acte de foi porte sur ce qui défie la logique de
l'homme. Celui qui est sans commencement est
entré dans le temps. Dieu s'est fait homme. Le
Maître s'est fait serviteur. Le Seigneur de la vie a tra-
versé les ténèbres de la mort. «Comment l'homme
pourrait-il comprendre Dieu? Comment un être
soumis à la naissance comprendrait-il celui qui n'a
pas été engendré? Comment un mortel comprendrait-il l'Éternel?» s'interroge Maxime de Turin[4].

---

2. CONCILE VATICAN II, Constitution dogmatique *Dei Verbum*
sur la Révélation divine, 5.
3. *CEC* 153.
4. «Sermon 10» sur la Nativité du Seigneur, cité dans:

Réponse : grâce au don d'intelligence. Afin de rendre toujours plus profonde l'intelligence de la Révélation, l'Esprit Saint ne cesse de rendre notre acte de foi plus parfait[5]. Nous ne croyons pas en des formules, mais dans la vérité que ces formules expriment. Le don d'intelligence permet à ces formules d'être vivantes, et à nous d'en vivre avec toujours plus de certitude au gré des événements qui marquent notre vie.

Sans le don d'intelligence, il manquerait à notre foi l'élan nécessaire pour se fixer en Dieu et en sa Parole transmise par l'Église. L'Esprit Saint ne nourrit pas une foi privée, individuelle, propre à chacun, mais « la foi de l'Église » tout entière. « Nul ne peut croire seul, comme nul ne peut vivre seul. Nul ne s'est donné la foi à lui-même comme nul ne s'est donné la vie à lui-même [...]. C'est d'abord l'Église qui croit, et ainsi porte, nourrit et soutient ma foi[6]. »

Le don d'intelligence ne saurait nous dispenser d'étudier, d'approfondir le sens de la Parole de Dieu et de l'enseignement de l'Église. Trop de gens croient que l'Esprit Saint va les dispenser de chercher et de réfléchir sur les grandes questions touchant la foi. Dans ce cas, la foi court le risque de s'étioler et d'entraîner de fausses notions sur Dieu et sur l'homme. La vie dans l'Esprit ne saurait éliminer la réflexion. Le don d'intelligence enracine la vérité au cœur de notre être : la vérité s'incarne en nous, elle devient source de vie. Voilà pourquoi cet approfondissement ne saurait être uniquement intellectuel et

---

L'Année en fêtes, les Pères commentent la liturgie de la Parole, Migne, 2000, p. 79.
    5. Cf. CONCILE VATICAN II, *Dei Verbum*, 5.
    6. *CEC* 166 et 168.

cérébral. Plus nous nous laissons éclairer par l'Esprit
Saint, plus nous nous apercevons que la foi au Christ,
mort et ressuscité pour nos péchés, est un chemin
lumineux pour comprendre l'existence humaine, faite
de tragédies et d'aspirations au bonheur. Bien sûr,
l'Essence de la Divinité demeurera toujours inaccessible à notre esprit humain. Mais les touches du don
d'intelligence aident le baptisé à percevoir, à travers
une «inspiration secrète», l'infinie grandeur du Dieu
trois fois saint et la réalité de son alliance avec l'humanité. «À la faveur du don d'intelligence, les vérités de
foi deviennent incandescentes aussitôt même que
reçues, bien avant que l'âme ait pu se les formuler à
elle-même et songer à les communiquer[7].»

À la suite des grands théologiens de l'Église, c'est
finalement ce qu'a vécu sainte Thérèse de l'Enfant-
Jésus. Thérèse Martin, entrée au carmel de Lisieux
en 1888 à l'âge de quinze ans pour y mourir neuf ans
plus tard, le 30 septembre 1897, n'a jamais fréquenté
l'université, ni entrepris d'études théologiques sui-
vies. Pourtant, elle est désormais honorée comme
docteur de l'Église. Sa spiritualité nous apporte une
lumière nouvelle pour comprendre plus profondément le mystère du Christ. «Je faisais oraison sans le
savoir, et déjà le bon Dieu m'instruisait en secret[8].»
Le don d'intelligence, dont a bénéficié sainte Thérèse, a rendu possibles les intuitions de la foi qu'elle
expose dans ses écrits. L'Esprit Saint l'a conduite au
secret de toute existence humaine. À l'inverse des
idéologies actuelles qui laissent croire que rien n'est
vrai et font l'apologie d'un monde sans morale, la

7. Cardinal Charles JOURNET, *Entretiens sur le Saint-Esprit*,
Parole et Silence, 1997, p. 125.
8. *Œuvres complètes*, Cerf-DDB, 1996, A 33 v°.

profonde intelligence des choses spirituelles chez
sainte Thérèse éclaire l'esprit et le cœur de ceux qui
ont soif de vérité et d'amour.

« Ce que Dieu nous fait comprendre, il nous le fait
chercher, et une fois cherché, il se laisse trouver[9]. »
Ce sont les trois phases de l'éternelle démarche de
l'amour divin que réalise en nous le don d'intelligence : d'abord l'attention éveillée, puis le désir sus-
cité, et enfin l'attente comblée.

« Il ouvrit leur cœur à l'intelligence des Écritures »

Il y a deux mille ans, deux disciples faisaient route
vers un village appelé Emmaüs (Lc 24, 13-33). C'est
le soir de Pâques, et pourtant l'ambiance n'y est pas.
Nos deux hommes sont tristes. Ils ne parlent que du
drame de la croix qui vient de se dérouler et dans
lequel ils ne voient qu'un irréparable échec. Et Jésus
lui-même s'approche d'eux. Cléophas (c'est le nom
du premier) et son ami ne savent pas que c'est lui. Ils
s'imaginent informer Jésus de ce qui s'est passé à
Jérusalem trois jours auparavant, mais en réalité c'est
lui, Jésus, qui les informe de ce qui s'est passé. C'est
lui qui leur explique l'événement à la lumière de
l'Écriture. Il les ouvre à eux-mêmes. Leur cœur serré
s'anime d'un nouvel élan de vie. Ainsi, de même que
le Christ vint à la rencontre des pèlerins d'Emmaüs
et ouvrit leurs cœurs « lents à croire » (Lc 24, 25), de
même l'Esprit Saint, « qui a parlé par les prophètes »,

---

9. Saint LÉON, *Sermons 1-19*, « 1er sermon pour l'Épiphanie »,
Éd. du Cerf, 1964, SC 22 *bis*, p. 213.

ne cesse d'éclairer notre intelligence sur tout ce qui concerne le Christ dans les Écritures.

Avant de s'incarner selon notre humanité, la Parole de Dieu a pris corps selon les Écritures, dont la Bible est le document. L'Esprit Saint est l'inspirateur des Écritures. Lui seul les fit rédiger. C'est ce qu'essayait d'expliquer – bien maladroitement – une catéchiste à des enfants de sixième. Devant le compliqué de ses explications, Gaëlle, douze ans, l'interrompit : « Dites carrément : "Il a parlé par les Prophètes", c'est tellement plus simple. »

Seul l'Esprit Saint nous dévoile la pensée et l'action divines. La Parole de Dieu ne peut être lue et interprétée qu'à sa lumière[10]. Sans lui, les Écritures ne seraient pour nous qu'un gros livre, et leur lecture un exercice cérébral. Le Saint-Esprit en fait une écoute filiale, une *lectio divina*. Notre intelligence doit se soumettre à son action.

Les Pères de l'Église nous enseignent que l'Écriture est semblable à la chair du Christ. Avant de naître de la Vierge Marie, le Fils de Dieu s'est rendu présent par les Écritures. Marie n'a pas mis au monde la Bible, mais la Parole de Dieu, le Verbe qui, depuis toute éternité, est auprès de Dieu, qui est Dieu lui-même. C'est la même Parole qui était au commencement, qui s'est incorporée dans l'Écriture, qui s'est incarnée en Jésus-Christ. La motion du don d'intelligence est d'enseigner, de révéler et de nous faire entrer dans le sens profond des paroles et des gestes de Jésus.

Les Écritures, c'est-à-dire « Moïse [la loi de Dieu], les Prophètes [les envoyés de Dieu] et les Psaumes

---

10. Cf. CONCILE VATICAN II, *Dei Verbum*, 12.

[la sagesse de Dieu]» (Lc 24, 44), sont comme le *vêtement*, le *corps* qui abrite la divinité. L'itinéraire des pèlerins d'Emmaüs est toujours le nôtre : pour connaître le Christ, il faut le laisser se révéler à nous à travers Moïse, les Prophètes et les Psaumes (Lc 24, 27). Ainsi, le Christ lui-même se fait connaître à nous en «ouvrant notre esprit à l'intelligence des Écritures» (Lc 24, 45). C'est ce qui faisait dire à saint Jérôme, grand amateur et infatigable traducteur de la Parole de Dieu : «Ignorer les Écritures, c'est ignorer le Christ[11].»

C'est dans ce même sens qu'Origène commente l'épisode du recouvrement de Jésus au Temple (Lc 2, 46-50). L'enfant Jésus a disparu. Enfin il est retrouvé au terme de trois journées de recherche dans le Temple de Jérusalem où lui et ses parents s'étaient rendus en pèlerinage. Marie lui adresse alors ces paroles, mêlées de soulagement et de reproches : «Mon enfant, pourquoi nous as-tu fait cela ? Vois comme nous étions angoissés !» Et Jésus de répondre : «Pourquoi m'avez-vous cherché ? Ne saviez-vous pas que je dois être aux affaires de mon Père ?» Origène interprète de la manière suivante la réaction de Marie : «Marie conservait toutes ces paroles, non comme les paroles d'un enfant de douze ans, mais bien comme celles du Fils de Dieu, conçu en son sein par l'œuvre du Saint-Esprit[12].» Face aux mystérieuses paroles de son enfant, Marie ne se dit pas intérieurement : «Oui, mon bonhomme...», mais elle pose un acte de foi : «Oui, mon Dieu !»

Depuis, l'Église contemple le visage du Christ à travers les Écritures. C'est le même Esprit Saint qui,

---

11. *Commentaire sur Isaïe*, Prologue.
12. *Homélie sur l'évangile de Luc*, 20, 6.

après avoir «parlé par les prophètes», nous donne accès à la compréhension spirituelle de la Parole de Dieu par le don bienfaisant de sa lumière. Le don d'intelligence nous permet de scruter la Parole avec amour et de nous en imprégner afin de parvenir à l'intelligence des mystères cachés. Le sens des Écritures ne s'acquiert pas par un intellectualisme cérébral, mais par une grâce offerte au disciple pour lui permettre de connaître, d'aimer, de rencontrer et d'imiter le Christ à travers l'écoute filiale de la Parole.

Le dialogue entre Dieu et l'humanité qui s'est déroulé tout au long de l'Histoire sainte, se poursuit encore chaque fois qu'un baptisé se laisse enseigner par l'Esprit au cœur de l'Église. «L'Épouse du Verbe incarné, l'Église, instruite par le Saint-Esprit, s'efforce d'acquérir une intelligence chaque jour plus profonde des Saintes Écritures, pour offrir continuellement à ses enfants la nourriture de la Parole divine[13].»

L'intelligence des sacrements

C'est principalement dans la liturgie que l'Esprit enseigne aux baptisés les *mirabilia Dei*, les merveilles de Dieu. Le don d'intelligence nous découvre le sens profond des mystères de Dieu à travers les symboles utilisés dans la liturgie, notamment les sacrements. Tous, à leur manière, font « mémoire » du salut.

«La puissance du Seigneur lui faisait opérer des guérisons.» L'évangéliste Luc décrit ainsi l'effet que Jésus faisait aux nombreuses personnes qui

---

13. CONCILE VATICAN II, *Dei Verbum*, 23.

essayaient de s'approcher de lui et de le toucher (Lc 5, 17; 6, 19; 8, 45-47). Ce qui se passait autrefois pour les hommes en Galilée, se passe aujourd'hui encore, là où les hommes s'approchent des sacrements du Christ. Car les sacrements, nous dit le *Catéchisme*, sont « les forces qui sortent du Corps du Christ, toujours vivant et vivifiant[14] ».

« L'Église n'a pas établi les sacrements à la manière d'une société qui demande à ses membres d'assister aux réunions. Les sacrements tirent leur origine de la vie même du Christ. Les sacrements sont des actions du Christ en personne. Ils ne sont pas seulement administrés en son nom; il les administre lui-même : c'est lui qui se donne, c'est lui qui baptise, confirme, guérit, pardonne, fait alliance et consacre[15]. » À travers les signes de l'eau, de l'huile, de l'imposition des mains, du pain, du vin, « l'Esprit Saint rappelle aux chrétiens rassemblés le sens de l'événement du salut en donnant vie à la Parole de Dieu qui est annoncée pour être reçue et vécue[16] ». C'est par la puissance de ce même Esprit que chaque sacrement rend efficaces les gestes et les paroles du Christ, afin que nous puissions comprendre ce que nous entendons et le faire passer dans toute notre vie.

Il convient de faire deux remarques à propos de l'ordre sacramentel. Premièrement, sa relativité. Lorsque le Christ « reviendra dans la gloire », l'ordre sacramentel disparaîtra. Au ciel, nous ne nous marierons plus, nous ne nous confesserons plus, etc. Mais si la forme des signes passera, le fruit des sacrements,

---

14. *CEC* 1116.

15. Ludovic LÉCURU, *Connaître et aimer sa vocation*, *op. cit.*, p. 100.

16. *CEC* 1100.

lui, demeurera, et se manifestera pleinement. Le don d'intelligence nous permet de saisir que le plus important dans les sacrements reste invisible, comme la divinité du Christ lorsqu'il était parmi les hommes. Nous devons regarder, nous approcher et recevoir les sacrements avec les yeux de la foi. Seules la foi et l'espérance ont accès à la réalité spirituelle et porteuse de vie divine que sont les sacrements.

Deuxième remarque : l'humilité des sacrements. Les signes visibles utilisés pour les sacrements ne répondent pas toujours à notre quête d'émotions fortes, de ferveur sensible. Ajoutons à cela le rêve pour beaucoup (pas tous), d'une Église séduisante, convaincante, animant des célébrations attirantes comme un beau spectacle. Un beau spectacle mobilise notre sensibilité, notre émotion, mais sûrement pas notre foi. C'est vrai tout particulièrement de l'Eucharistie. La tentation est forte pour beaucoup de chrétiens de désirer des célébrations qui seraient « accrochantes », dirigées par des « animateurs » (les guillemets s'imposent) capables de faire salle comble. C'est oublier que le mystère du Christ passe par autre chose que le sensationnel. L'essentiel de son mystère reste invisible à nos yeux. Les sacrements sont humbles : ils passent par de pauvres moyens et pauvres signes humains. Aussi, demandons à l'Esprit Saint de saisir nos esprits afin que ce soit son œuvre qui domine en nous, et non pas notre sentiment, nécessairement fugace et aléatoire[17]. On ne dira jamais assez que la puissance des sacrements ne vient pas de ce qu'ils font l'admiration des hommes, mais de la force du Christ qui est cachée et présente en eux.

---

17. Cf. la prière après la communion du 24e dimanche du temps ordinaire.

Le don d'intelligence nous fait vraiment saisir ce que le Concile affirme de l'Église : « Il appartient en propre à celle-ci d'être à la fois humaine et divine, visible et riche de réalités invisibles, fervente dans l'action et occupée à la contemplation, présente dans le monde et pourtant étrangère. Mais de telle sorte qu'en elle, ce qui est humain est ordonné et soumis au divin ; ce qui est visible, à l'invisible ; ce qui relève de l'action, à la contemplation [18]. »

Dans notre cheminement personnel, il nous arrive aussi de demander un « signe » au Seigneur, afin d'être éclairé sur sa volonté. Cette démarche est bonne. Mais ne devons-nous pas avouer que nous aimerions trouver ces signes en dehors de l'intelligence des Écritures et de la vie de l'Église ? Nous cherchons parfois des signes qui nous dispenseraient de comprendre et de nous convertir, et qui en définitive confirmeraient nos projets terrestres. On a du mal à l'avouer, mais c'est pourtant la réalité. Les pharisiens eux-mêmes ont commis cet écart. Devant leur obstination, Jésus les renvoie à « Moïse et aux Prophètes » (Lc 16, 31), c'est-à-dire à l'Écriture. Le don d'intelligence nous donne de distinguer les signes qui viennent des arguments des hommes, de ceux qui viennent de la Parole de Dieu.

« Homme de peu de foi… »

Rejoignons à nouveau le Christ, notamment lorsqu'en pleine tempête il part rejoindre les apôtres dans leur barque en marchant sur les eaux. En le voyant, Pierre veut dominer la panique de ses com-

---

18. CONCILE VATICAN II, Constitution *Sacrosanctum Concilium* sur la liturgie, 2.

pagnons qui hurlent qu'il s'agit d'un fantôme. Courageusement, il dit : « Si c'est bien toi, donne-moi
l'ordre de venir à toi ! » (Mt 14, 28). Jésus accepte
l'élan de Pierre. « Viens ! » lui dit-il. Courageusement,
Pierre se jette à l'eau, « mais voyant le vent, il prit
peur et commença à couler ». En venant à son
secours, Jésus lui reproche son manque de foi. Ce
n'est ni l'eau ni le vent qui ont manqué d'engloutir
Pierre, mais son incrédulité : « Homme de peu de foi,
pourquoi as-tu douté ? » (Mt 14, 31).

« Quand un doute sur l'existence de Dieu me passe
par la tête, confie Isabelle, mère de famille, je suis
très malheureuse, et je demande au Seigneur de ne
pas m'éloigner de lui. » C'est vrai, nul n'est à l'abri
du doute. Ni des regards superficiels qui se bornent à
considérer les apparences et le provisoire. Le *Catéchisme de l'Église catholique* décrit les diverses manières
de pécher contre la foi. « Le *doute volontaire* portant
sur la foi néglige ou refuse de tenir pour vrai ce que
Dieu a révélé et que l'Église propose à croire. Le
doute involontaire désigne l'hésitation à croire, la diffi-
culté de surmonter les objections liées à la foi ou
encore l'anxiété suscitée par l'obscurité de celle-ci.
S'il est délibérément cultivé, le doute peut conduire à
l'aveuglement de l'esprit[19]. »

Contre ces attitudes, il faut rester vigilants grâce à
une démarche de foi soutenue par l'Esprit Saint. La
vigilance, c'est la vertu cardinale de prudence en
action. Si le don d'intelligence nous fait comprendre
qu'il est juste et honnête de se confier totalement à
Dieu et de croire absolument ce qu'il dit, *a fortiori* il
nous fait comprendre qu'il est vain de mettre une

---

19. *CEC* 2088.

telle foi dans une créature : « Maudit l'homme qui se confie en l'homme et qui s'écarte du Seigneur » (Jr 17, 5).

Prière pour demander le don d'intelligence

Daigne envoyer ton Esprit de lumière, Seigneur.
Qu'il illumine mon intelligence
par l'enseignement de ton Église
et de tes serviteurs les saints.
Accorde-moi de toujours vouloir comprendre
ta vérité avec humilité
pour que la foi imprègne toute ma vie.
Permets qu'en me détachant des illusions de ce monde,
je progresse dans la communion de la foi
et le désir de m'ouvrir à tes mystères.
Éclairé par le don d'intelligence,
que je trouve en ta Parole la source de ma vie.
Fais-moi contempler un jour dans ton Royaume
les réalités du ciel que tu me fais saisir dès ici-bas.
Viens en moi, Esprit d'intelligence !
Amen.

7

LE DON DE CONNAISSANCE

« Connais-toi toi-même »

Avant tout, un conseil : « Connais-toi toi-même. »

« Ce conseil était sculpté sur l'architrave du temple de Delphes, pour témoigner d'une vérité fondamentale qui doit être prise comme règle minimum par tout homme désireux de se distinguer, au sein de la création, en se qualifiant comme "homme" précisément parce qu'il "se connaît lui-même" [1]. »

La connaissance de soi ne se réduit pas à un descriptif sur soi : ma date de naissance, mon adresse, mon groupe sanguin, ma fleur, ma couleur et mon plat préférés. S'il s'agissait simplement de décliner son identité civile, la connaissance de soi se limiterait à quelques critères très ordinaires. En rester là, ne serait-ce pas le signe d'une tentation – inconsciente peut-être – de se complaire dans l'ignorance de réalités infiniment plus essentielles et de se fuir soi-même ?

Car il existe des interrogations que l'homme ne peut esquiver. Ces interrogations, nous pourrions les formuler de la manière suivante : Qui suis-je ? D'où je viens ? Que dois-je faire ? Quel est le sens de mon

---

1. JEAN-PAUL II, lettre encyclique *La Foi et la Raison*, 1.

existence ? Pourquoi faut-il vivre, travailler, aimer ?
Comment prendre possession de ma vie et assumer
mon existence ? Comment dois-je exercer ma
liberté ? Quel bonheur dois-je atteindre ? Quelles
valeurs doivent guider ma vie ? Pourquoi le mal
existe-t-il ? Qu'y a-t-il après la mort ? Ces questions
tendent vers la connaissance de vérités qui vont au-
delà du matériel et du sensible. Privé de réponse,
l'homme risque de tomber dans un sorte de dépit.
De cette lassitude existentielle, risquerait de naître
un sentiment de peur de soi et de peur des autres.

L'être humain ne répond pas seulement à des lois
biologiques, physiques et matérielles. Par nature, il
éprouve l'intuition qu'existent des lois morales, donc
non écrites, qui le précèdent et le transcendent. Ces
lois ont été valables avant lui et le demeureront après
lui. Les données sensibles et contingentes ne suffi-
sent pas à rendre compte des questions relatives à la
dimension surnaturelle de l'existence humaine. On
ne peut élever l'éphémère et le matériel au rang de
vérité absolue sans tomber dans un scepticisme à
l'égard de tout. La vie et l'avenir de toute personne
humaine ne sont possibles que s'il existe un ordre
préalable, fondateur de sens.

Une vérité est certaine lorsqu'elle transcende l'histoire et offre une dimension universelle capable
d'aider les hommes à entrer en dialogue les uns avec
les autres. Quand un individu cherche avec sincérité
quel sens donner à sa vie, il ne fait que tendre vers
une sagesse universelle antérieure à son existence. À
l'inverse, affirmer que le sens de l'histoire peut partir
d'un point zéro à chaque génération, c'est laisser
l'être humain aux prises avec l'angoisse d'un monde
sans origine ni but. Personne sur terre n'est capable
de donner une orientation inédite à la condition

humaine, un sens établi à partir de rien, *ex nihilo* ose-
rait-on dire. Dénuée de fondement universel, la vie
tomberait dans le vide. Éprouver le sentiment que
l'existence ne possède ni ordre ni but, c'est consentir
à la possibilité d'une absurdité sans fin.

Le don de connaissance fait de nous des témoins de l'espérance

Notre aspiration à connaître la vérité est présente
dans notre *cœur*, carrefour et centre de notre être.
Parlons du cœur. Dans le langage de la Bible, il
signifie le centre de l'existence humaine, le point de
contact entre l'intelligence et la volonté, le lieu intérieur où la personne parvient à se connaître et à
trouver son unité. Le cœur est le centre qui informe
toute l'existence.

Si, pour l'homme de la Bible, le cœur est le lieu des
pensées et des désirs, le cœur est aussi le lieu de la rencontre intime et personnelle avec le Seigneur. Par le
baptême, le cœur est devenu le lieu où «Dieu habite
parmi nous», «le temple de l'Esprit Saint». Il est le lieu
où se dévoile à nous le mystère de notre nature et
notre véritable identité de fils dans le Fils. Se
détourner de Dieu, c'est lui fermer notre cœur: «Ce
peuple m'honore des lèvres mais son cœur est loin de
moi» (Is 29, 13). Connaître comme Dieu connaît,
signifie vivre avec lui une relation qui est source de vie.
Ainsi se résume la prière de Jésus pour nous: «La vie,
c'est qu'ils te connaissent» (cf. Jn 17, 3).

Rien sur terre ne pourra combler absolument les
aspirations au bonheur qui habitent le cœur de
l'homme. «J'ai vu la fin de toutes choses», avoue le
psalmiste (Ps 119 [118], 96), sorte d'équivalent à la

réflexion de Qohélet: «Vanité des vanités, tout est vanité! Ce qui fut, cela sera, ce qui s'est fait se refera. Il n'y a rien de nouveau sous le soleil» (Qo 1, 2.9).

Ces affirmations ne signifient nullement qu'il faille tout rejeter. Comment l'Esprit Saint pourrait-il nous inspirer le mépris? Il nous apprend au contraire à nous émerveiller. Tout ce que Dieu a créé est «bon». Mais à travers la caducité des choses, le don de connaissance (ou de science) porte notre désir et notre regard humains au-delà des apparences pour les fixer sur «les réalités que l'œil ne peut voir» (1 Co 2, 9).

La volonté de Dieu sur l'homme est la seule perspective qui puisse remplir de joie celui qui est épris d'absolu. Sans l'Esprit Saint, nous serions incompréhensibles à nous-mêmes. L'élan de l'homme vers Dieu et vers les biens qu'il promet, est le seul élan capable de nous faire devenir ce que nous sommes appelés à être. Le don de connaissance offre la lumière particulière par laquelle Dieu éclaire notre conscience humaine afin de nous faire savoir ce qui est utile et honnête pour parvenir à la béatitude.

Que devons-nous espérer? Nous devons espérer que rien ne fera jamais obstacle au projet de Dieu sur nous. Depuis le Vendredi saint, nous savons que la victoire du Christ se manifeste d'une manière qui échappe aux plans et aux calculs. La Croix, objet d'ignominie, est devenue chemin de lumière et d'espérance: «*O crux, ave, spes unica*[2].» Mais notre regard d'espérance ne s'arrête pas au Golgotha. Il trouve sa plénitude le matin de la Résurrection, selon les termes de la Séquence que nous chantons le jour de Pâques: «*Surrexit Christus, spes mea!*»

---

2. Hymne *Vexilla Regis*.

Sans le don de science, l'espérance chrétienne ne serait qu'un principe général, une théorie sans consistance. Grâce à lui, au contraire, notre espérance demeure toujours vive. Car « l'espérance chrétienne provient de Dieu, d'en haut, elle est une vertu théologale, dont l'origine n'est pas terrestre. De fait, elle ne se développe pas à partir de notre vie, de nos calculs, de nos prévisions, de nos enquêtes et statistiques, elle nous est donnée par le Seigneur. Il nous arrive souvent d'oublier cette vérité, considérant l'espérance chrétienne comme "quelque chose en plus", qui s'ajouterait à d'autres réalités. Espérer, c'est donc vivre un total abandon entre les bras de Dieu qui répand en nous cette vertu, la nourrit, la fait grandir et se renforcer[3]. »

C'est donc bien le don de science qui actualise notre espérance. Il lui donne forme. Il nous rend capables d'envisager et d'évaluer les événements, non à partir des seuls critères humains, mais à la lumière de la Providence divine. L'Esprit Saint inspire nos motivations et nourrit nos pensées. Il oriente nos actes de manière à nous faire vivre une existence qui tire sa joie du projet de Dieu sur nous. Un événement, petit ou grand, joyeux ou douloureux, en tout cas inattendu, devient un chemin qui nous engage pour l'éternité en rendant sa place, dans notre vie, à l'espérance du Seigneur qui vient.

La vérité sur l'homme n'en demeure pas moins trop vaste pour notre pauvre esprit humain. Elle est à l'échelle de la Parole de Dieu. En rejetant cette Parole, l'homme se ferme à lui-même. Il se livre à sa propre finitude et consent à une quête sans fin. En revanche, qui se laisse éclairer par le don de connais-

---

3. Cardinal Carlo-Maria MARTINI, *Les Vertus*, *op. cit.*, p. 70-71.

sance, éveille en son cœur non seulement un élan d'espérance, mais un émerveillement à l'égard de sa propre humanité. Nous sommes tous un projet de Dieu, unique et irremplaçable.

Ainsi, l'Esprit Saint nous ouvre à la connaissance ultime qui donne sens et valeur à l'existence. Il éclaire notre horizon humain de la présence du Christ, « notre espérance » (1 Tm 1, 1). Cette connaissance nous donne de profondes et fermes raisons de nous engager jour après jour dans la transformation du monde pour le rendre toujours plus conforme au projet de Dieu à la suite du Christ.

La tentation du scepticisme

Les dons du Saint-Esprit ne doivent pas nous faire oublier combien notre époque se débat entre le scepticisme, caractérisé par un dépit lancinant à l'égard de tout, et le mythe délirant d'une humanité toute-puissante sans Dieu.

Jean-Paul Sartre, philosophe français mort en 1980, a pris le contre-pied de ce que le don de connaissance révèle aux hommes. Lorsqu'on lit les œuvres de Sartre, il en ressort une impression d'enfermement, d'une humanité lovée sur elle-même. Selon lui, l'existence humaine n'est fondée sur rien, elle n'est créée en vue de rien. Du fait de l'absurdité fondamentale sur laquelle est fondé le monde, c'est à l'homme que reviendrait le rôle de donner une finalité à sa vie. Résolument opposé à toute possibilité d'espérance et de sens, Sartre opte pour Jean Genet, son maître à penser, selon lequel « le lieu de l'humain Pur et Absolu, c'est l'enfer[4] ».

---

4. Cité dans : Pierre DE BOISDEFFRE, *Métamorphose de la littérature*, Marabout, 1974, p. 243.

À la suite de Sartre, l'homme contemporain veut vivre hors de sa condition et semble vouloir rester sourd aux réponses vitales à ses questions existentielles. Les idéologies du néant rejettent les signes de l'admirable sagesse du monde et du mystère de l'homme, de son existence et de sa transcendance. Les traditions morales et religieuses sont évacuées. En cherchant à rompre avec la mémoire du passé, le monde serait-il en passe de tomber dans une amnésie existentielle ?

Tout se passe aujourd'hui comme si l'individu sollicitait de plus en plus une reconnaissance particulière à son seul bénéfice pour satisfaire ses envies, au détriment de la nature des réalités et du bien commun. Des agrégats d'individus réclament – et obtiennent – des avantages singuliers. On morcelle la société et on bouche son avenir. Dans ce système du chacun pour soi, on accorde plus d'importance aux états d'âme qu'au réel. Seulement, en laissant chaque individu s'ériger en principe du bien et du mal, nos sociétés sont de moins en moins en mesure de fournir à leurs membres les valeurs morales à partir desquelles on parvient à la connaissance des réalités intérieures et extérieures propres à l'homme et au monde.

Cette subjectivité dominante se vérifie particulièrement à l'égard de la famille et dans la famille. Sa dimension hétérosexuelle fondée sur le libre consentement entre un homme et une femme de se donner et de s'appartenir pour toujours, semble totalement remise en cause aujourd'hui. Pourtant, les lois fondamentales qui constituent le lien matrimonial, lois qui garantissent la possibilité pour un être humain, à toutes les étapes de son existence, de s'ouvrir à son humanité dans un climat de paix et de fidélité, ne peuvent être mises aux voix sans de graves préjudices pour les personnes et les sociétés.

Le problème atteint son paroxysme en ce qui concerne la vie humaine, que ce soit au stade de sa conception ou à celui de son terme terrestre. L'homme n'est pas un singe amélioré, ni un composé de fond d'éprouvette. Affirmer qu'il est créé à l'image de Dieu est un acte de foi, non une donnée de la science naturelle. C'est se fermer aux capacités de notre intelligence éclairée par le don de science que de réduire l'homme à un amas cellulaire et de faire ainsi l'impasse sur sa dignité. Qu'est-ce qu'un embryon, sinon un être humain créé à l'image de Dieu à ce stade de son existence ? L'argument consistant à faire croire que certains embryons humains pourraient servir de ressources cellulaires à d'autres, sorte de «pièces détachées», pour les malades que nous sommes tous appelés à devenir un jour ou l'autre, est le *summum* de l'ignorance que l'homme a de lui-même.

Dans nos sociétés qui prétendent définir la valeur de la vie selon les prouesses de la science, l'Esprit Saint demeure le grand avocat de la dignité de l'homme. Car une question s'impose : quelle *science* doit être au service de la personne humaine ? La *science* dite des laboratoires qui s'arroge le droit de manipuler la vie et qui espère (sans le dire) gagner beaucoup de sous ? Ou la *science* de l'Esprit Saint, «qui est Seigneur et qui donne la vie» ? Sans lui, on aboutit à une sorte de prise en otage d'une partie de l'humanité par l'autre qui, au nom de ses intérêts, distribue des labels d'humanité au reste des hommes. La tentation des plus forts de trouver le bonheur parfait en se décrétant les maîtres de la vie, est plus vive que jamais. Loin d'ouvrir l'humanité sur l'infini, cette mainmise l'enferme dans une angoisse étouffante. Manipuler la vie, c'est finalement prétendre outrageusement la dépasser pour s'en faire des maîtres plus puissants que le Dieu tout-puissant lui-même. Or, Dieu veut que l'homme accueille le don de la vie selon un processus qu'il a institué avec sagesse et amour. Nous n'avons pas le droit de concevoir la vie ailleurs que dans un climat de tendresse, de fidélité et d'amour. Même lorsqu'un petit d'homme est conçu au cours d'une nuit de folie ou de violence, il y aura toujours quelqu'un pour l'aimer et lui révéler la merveille qu'il est.

Alexis et Sabine, tout nouveaux parents, confiaient à l'occasion de la naissance de leur premier enfant : «Inès est une petite merveille qui vient de Dieu.» Cette humble parole leur était inspirée par le don de science lequel permet à l'esprit humain de reconnaître la valeur inestimable de la vie humaine. La naissance d'Inès élevait leur regard intérieur vers une source et une plénitude de vie qui va bien au-delà des conditions d'existence sur terre, puisqu'elle est une participation à la vie même de Dieu. Toute naissance d'une petite créature humaine est un don venu de Dieu, un frémissement de sa propre Vie.

Le don de connaissance n'a pas dit son dernier mot. Au seuil du IIIe millénaire, l'Esprit Saint peut seul nous aider à tirer les conséquences des tragédies qui ont ébranlé le XXe siècle et abouti au chaos de la pensée à l'heure actuelle. Car «maintenant que l'on a pleinement savouré les promesses de la liberté illimitée, nous commençons à comprendre à nouveau l'expression "tristesse de ce monde". Les plaisirs interdits perdirent leur attrait dès l'instant où ils ne furent plus interdits. Même poussés à l'extrême et indéfiniment renouvelés, ils semblent fades, parce qu'ils sont tous finis et qu'il y a en nous une faim d'infini. Aussi voyons-nous aujourd'hui précisément dans les visages des jeunes gens une étrange amertume. La racine la plus profonde de cette tristesse, c'est l'absence d'une grande espérance et l'inaccessibilité du grand Amour : tout ce qu'on peut espérer est connu, et tous les amours sont l'objet d'une déception due à la finitude d'un monde où les formidables succédanés ne sont que le piètre masque d'un désespoir abyssal[5] ».

L'acédie

Cette « tristesse de ce monde » (2 Co 7, 10), due à l'ivresse libertaire, nous amène à parler de l'acédie. L'acédie est une forme de désespoir qui met en danger la vertu d'espérance. Elle est comme une tourmente existentielle, une crise qui n'est pas tant matérielle que spirituelle : « Qu'est-ce que je fais là ? Que valent mes engagements ? À quoi bon ma fidélité ? Qu'ai-je encore à espérer dans la vie ? » L'acédie envahit toute la personne, faisant naître en elle un sentiment de désenchantement et de dépit. L'envie lui gagne de fuir et d'abandonner tout ce qui a été commencé. L'espérance fait place à la désespérance. Ce *blues* de l'âme ronge de l'intérieur les projets qui, jusqu'alors, avaient donné sens à la vie.

Sur le plan de la vocation personnelle, l'acédie n'est pas tant un mal-être psychologique, que le péché le plus ultime de l'homme, à savoir l'ennui qu'il y a à répondre à la volonté de Dieu, le dépit que l'on éprouve à être aimé de lui. Il s'ensuit une aver-

---

5. Cardinal Joseph RATZINGER, *Regarder le Christ. Exercices de foi d'espérance et de charité*, p. 87.

sion à l'égard de tout ce qui a été consenti pour Dieu. Ce vague à l'âme ne concerne pas seulement les religieux. L'acédie est un mélange de désillusion et de découragement, qui affecte un grand nombre d'hommes et de femmes dans la force de l'âge, quel que soit leur état de vie, époux, prêtres, personnes consacrées. Faite de paresse de la volonté et de l'intelligence, de démotivation, d'absence de sens à l'existence, l'acédie laisse celui qu'elle atteint aux prises avec une impression d'échec et de frustration. La peur de soi, l'activisme sans finalité, l'instabilité, le manque de vie intérieure, la quête toujours insatisfaite de sensations et de nouveautés, sont des filles de l'acédie.

L'acédie frappe généralement vers la quarantaine, d'où son nom de « crise du milieu de la vie ». C'est l'âge où on en a assez d'être fidèle, assez d'aimer la même personne, assez de donner le meilleur de soi-même à Dieu et aux autres, assez de devoir aller jusqu'au bout ce que l'on a commencé, assez, assez, assez ! Il faut constater que l'acédie touche des personnes de plus en plus jeunes. La vie affective débridée et pulsionnelle présentée comme normative par les médias, le cinéma ou la littérature, l'engouement pour un monde de bruits et d'images, l'usage banalisé de stupéfiants, la violence, etc., en sont les tristes indices.

Dans tous les cas, l'acédie se manifeste à « l'heure la plus chaude du jour », comme Abraham qui, après avoir tout quitté pour répondre à l'appel de Dieu, connaît une période de torpeur et d'accablement (Gn 18, 2). La vie d'Abraham semble se dessécher dans l'attente d'une promesse qui ne vient plus. Soudain, Dieu vient à sa rencontre sous la forme de trois personnages. Par une instante prière, semblable à celle de tout homme qui se tourne vers Dieu, Abraham supplie les mystérieux voyageurs de relancer l'élan de sa vie : « Seigneur, si j'ai pu trouver grâce à tes yeux, ne passe pas sans t'arrêter ! » (Gn 18, 3). Dieu confirme à Abraham sa vocation de devenir le père d'une « postérité aussi nombreuse que les étoiles du ciel » (Gn 15, 5). Il lui promet la naissance d'un mâle, promesse invraisemblable ! Mettre au monde un fils alors que « Sara a cessé d'avoir ce qu'ont les femmes » et « passé l'âge de connaître le plaisir » (Gn 18, 11-12), voilà qui fait bien rire celle-ci. Réponse de l'Ange : « Y a-t-il une merveille que le Seigneur ne puisse accomplir ? » (Gn 18, 14). Ainsi, sous « la sécheresse » de l'existence, Dieu vient toujours récompenser la persévérance de ses élus en les comblant des promesses les plus généreuses.

Tirons de ce récit la certitude qu'au milieu des essoufflements de la vie, la persévérance est la première forme de l'espérance, cette vertu « par laquelle nous désirons comme notre bonheur le Royaume des cieux et la vie éternelle, en mettant notre confiance dans les promesses du Christ et en prenant appui, non sur nos forces, mais sur le secours de la grâce du Saint-Esprit[6] ».

Le don de connaissance nous soutient et nous protège dans notre fidélité à Dieu. Lors des crises de l'existence, des passages étroits qu'il nous faut emprunter, l'Esprit nous aide à tout revoir à la baisse – « Je ne suis pas l'être génial que je croyais être. "Je ne suis pas meilleur que mes pères" (1 R 19, 4) » –, et tout revoir à la hausse : « Car vraiment, rien n'est impossible à Dieu ! » (Lc 1, 37.)

---

6. *CEC* 1817.

Prière et vocation

Trop souvent, nous pensons connaître suffisamment Dieu. Nous le prions depuis si longtemps. Nous avons en mémoire quelques paroles de l'Évangile. Nous nous souvenons – en gros – des commandements de l'Église. Mais en réalité, nous avons beaucoup d'idées reçues sur Dieu. Ces idées ne sont que le fruit de nos projections ou de notre ignorance. Job en fit l'expérience et avoua humblement au Seigneur qu'il ne savait qui il était vraiment : « Je ne te connaissais que par ouï-dire » (42, 5).

Comme Job, il faut cesser de projeter sur Dieu nos faiblesses personnelles pour mieux le rendre responsable de nos échecs. Le don de science nous purifie de nous-mêmes. Il nous dévoile les insuffisances et les limites qui nous rendent incapables d'atteindre les aspirations de notre cœur. L'Esprit nous conduit à la vérité sur nous-mêmes. Afin que l'homme, avec ses limites et ses aspirations, puisse rencontrer Dieu, il ne doit pas se faire d'illusions sur lui-même. Il doit commencer par connaître et nommer ses pensées et ses sentiments. C'est seulement lorsqu'il aura découvert, dans son dialogue intérieur, qui il est vraiment et à quoi il aspire, que pourra jaillir la connaissance de la volonté de Dieu sur lui.

Chaque personne est appelée à se donner au service de l'Église et des hommes. Au sein de la société, en effet, chacun a une responsabilité sociale à assumer pour atteindre sa perfection. Cela est vrai du médecin, du chercheur, de l'enseignant, du militaire, des parents, des prêtres, des personnes consacrées, de tout baptisé. Leur mission première consiste à agir loyalement et dans un esprit de justice au service des autres. Personne ne peut s'abstraire de la loi naturelle sans risquer de mettre en cause l'harmonie et le bien commun de la société tout entière.

Au sein de l'Église, tout chrétien est appelé à tendre vers la perfection en aiguisant sa conscience et en tendant vers la sainteté. Il doit toujours s'ouvrir à la lumière de l'Esprit Saint pour agir en vérité et être un témoin de l'Évangile dans le monde au nom de l'Église. Le don de science lui fait comprendre sur quel chemin de vie Dieu l'appelle à devenir ce qu'il est. Il lui révèle intérieurement la mission qui correspond à sa vocation propre et à ses dons particuliers.

La prière joue un rôle essentiel dans cet itinéraire intérieur. Parce qu'elle nous place en présence de la majesté divine, la prière nous ouvre à notre véritable identité, celle que Dieu a créée d'une manière absolument unique. Par la prière, ce que nous ignorions de nous-même ou que nous avions mis de côté, se révèle à nous et aux autres. Notre être le plus authentique apparaît. La prière dévoile ce que nous sommes appelés à réaliser dans ce monde. Elle révèle notre mission particulière de «prophète» reçue au baptême, afin d'accomplir notre charisme original. Ainsi, notre identité la plus profonde se déploie pleinement. Seule la prière *fait converger* notre moi le plus vrai (on va dire notre «je») et notre charisme personnel au service de l'Église.

Chacun est appelé à aimer sa vocation particulière, quelle qu'elle soit, et à la vivre comme un amour. Lié au don de force qui nous fait franchir les barrières de la peur et des difficultés, le don de science nous aide à comprendre en quoi chaque état de vie lie notre existence au Christ. La vertu d'espérance attise en nous la hâte de voir les promesses divines se réaliser comme le terme définitif de notre vocation particulière au cœur de l'histoire de l'humanité.

Sans la prière, la persévérance dans notre vocation est difficile. Un fait ressort de beaucoup d'expériences liées à la vocation personnelle : lorsque notre vocation perd son enthousiasme premier et que nous nous décourageons, c'est en général parce que la prière silencieuse a été abandonnée. Peut-être qu'un surcroît de travail, ou des impératifs qui n'ont cessé de s'accumuler, ont été la cause de cette négligence dans la prière. Même dans ce cas, le zèle généreux pour faire face aux activités quotidiennes s'est vidé de sens, et a lui aussi perdu son élan intérieur.

Si la prière est aujourd'hui laissée de côté par un grand nombre de personnes, c'est parce que l'agitation et le tumulte d'une société activiste ont comme éteint le murmure de l'Esprit Saint. La surcommunication prétend remplacer la communion. Beaucoup d'hommes et de femmes, au seuil du IIIe millénaire, n'espèrent rien d'autre que les finalités décrétées par une société de production avide de puissance. « Un homme désespéré ne prie plus, car il n'espère plus. Un homme sûr de lui et de son pouvoir ne prie pas, car il ne compte que sur lui-même. Celui qui prie, espère une bonté et un pouvoir qui dépassent ses propres capacités[7]. »

C'est dire que la prière et l'espérance sont étroitement liées. Celui qui n'a aucun objectif au-delà des réalités terrestres, ne peut prier. L'Esprit Saint éveille en nous le désir d'éternité que Dieu a imprimé dans notre cœur. Par le don de connaissance, il rend nos sentiments conformes aux promesses divines et les oriente vers elles. Il informe notre prière et la nourrit

---

7. Cardinal Joseph RATZINGER, *Regarder le Christ, op. cit.*, p. 80.

du désir de Dieu, selon les termes de saint Jean : « Dès maintenant, nous sommes enfants de Dieu, et ce que nous serons n'a pas encore été manifesté. Mais nous savons que lors de cette manifestation, nous lui serons semblables parce que nous le verrons tel qu'il est » (1 Jn 3, 2).

Ceux qui consentent à l'action des dons du Saint-Esprit, consentent non seulement à connaître leur vocation, mais aussi à faire de leur vocation une prière au service de toute l'Église et au bénéfice de toute l'humanité.

Par le don de *crainte*, l'Esprit Saint affermit dans la conscience de ses élus le rôle indispensable de la grâce pour les aider à persévérer sur le chemin des Béatitudes.

Par le don de *piété*, l'Esprit Saint ravive sans cesse la communion de tout baptisé avec le Christ et son abandon confiant en la Providence pour faire de leur vie une louange à la gloire de Dieu le Père (cf. Ph 1, 11).

Par le don de *conseil*, l'Esprit Saint oriente les décisions de tous les baptisés, célibataires, époux, prêtres, personnes consacrées, loin des conditionnements du monde, afin de témoigner que l'Évangile est la route de l'humanité.

Par le don de *force*, l'Esprit Saint les soutient dans les difficultés du quotidien, mettant en eux la persévérance dans leur vocation et leur mission au service de l'Église et de la famille.

Par le don d'*intelligence*, l'Esprit Saint favorise en chacun une compréhension plus profonde de l'alliance entre Dieu et l'humanité.

Par le don de *connaissance*, l'Esprit Saint les dispose à mieux connaître le Christ, l'unique Médiateur, le véritable Époux, l'Adorateur par excellence, afin que tous soient fils dans le Fils.

Par le don de *sagesse*, l'Esprit Saint les amène à regarder et à aimer leur vie à la lumière de l'Évangile, en les aidant à considérer leur vocation comme un don de Dieu pour les hommes.

Prière pour demander le don de connaissance

Allume en mon cœur l'esprit de connaissance,
Dieu très-haut.
Que ta science entretienne en moi
l'espérance qui surpasse tout désir.
Qu'au milieu des changements de ce monde,
mon âme se fixe en toi.
Que le don de connaissance m'aide à m'émerveiller
de la beauté de ta création
afin de mieux te connaître et t'aimer davantage.
Nourris en moi la grâce de comprendre tes promesses
et d'annoncer aux hommes les merveilles de tes mystères.
Tu nous as délivrés des ténèbres de l'ignorance ;
fais que je sache te reconnaître
et te suivre dans toutes les circonstances de ma vie
pour parvenir un jour à la vision sans fin de ta gloire.
Amen.

8

LE DON DE SAGESSE

L'art d'être sage

Beaucoup de personnes réduisent la sagesse à une attitude qui consiste à ne pas se faire remarquer, à dire merci, bonjour et au revoir. Bref, à se tenir tranquille. Bien sûr, la sagesse est cela. Mais elle n'est pas réductible à une attitude discrète et polie.

L'homme sage est celui qui oriente sa vie selon la nature des réalités, qu'elles soient humaines, sociales ou matérielles. Il sait que le monde n'est pas parfait. Il en connaît les limites. Son regard lucide et sans illusion ne signifie pas pour autant qu'il soit blasé ou dépité. L'homme sage continue de porter des yeux neufs sur le flot des événements. Il vise moins à faire le bilan des faits passés qu'à en découvrir la portée et à en tirer des conclusions susceptibles d'enrichir l'avenir.

L'homme commence à être sage lorsqu'il prend conscience de ses limites. Le fruit de sa réflexion le rend sensible à toutes les situations qu'il est appelé à traverser. Il a appris à discerner les raisons des joies et des peines qui animent son cœur et celui des autres hommes. Il fait siennes la dimension objective des réalités et des valeurs pour construire sa personnalité et enrichir sa vie intérieure. Dans toutes les circonstances de sa vie, il parvient à porter des jugements mûrs et sûrs.

Mais le sage ne se contente pas d'être un observateur. Grâce au fruit de son expérience, il comprend qu'il n'est pas en mesure de décréter seul ce qui est bien et ce qui est mal. La différence entre l'un et l'autre ne lui appartient pas. Il la découvre, et pour cela il se réfère à un principe supérieur. Il y a donc un chemin que l'homme peut parcourir s'il veut parvenir au plein usage de sa liberté : il part de la capacité de la raison de s'élever au-dessus de ce qui est contingent pour s'élever vers une loi qui le dépasse et qui unifie le monde.

Dieu seul est Sage

La sagesse n'est pas un simple humanisme. Elle trouve sa source en Dieu. Dans la Bible, il n'y a pas que les prophètes : il y a aussi les sages. La tradition biblique les considère comme inspirés, autant que peuvent l'être les prophètes.

L'enseignement des sages de l'Ancien Testament répète que Dieu engendre la sagesse. L'Écriture nous dit qu'elle existe de toute éternité, « avant l'origine de la terre » (Pr 8, 23). « Au commencement », lors de la création du monde, la sagesse est là, auprès de Dieu. Elle précède l'univers et assiste à son organisation.

La sagesse divine est parfaite. Elle est un « reflet de la lumière éternelle, un miroir de l'œuvre de Dieu, une image de sa bonté » (Sg 7, 26). En écho à toute la tradition biblique, le *Catéchisme de l'Église catholique* nous enseigne qu'en animant et en formant le monde, la sagesse révèle la nature divine : « La vérité de Dieu est sa sagesse qui commande tout l'ordre de la création et du gouvernement du monde. [En conséquence], Dieu qui, seul, a créé le ciel et la terre, peut seul donner la connaissance véritable de toute chose et sa relation à Lui[1]. »

Si la sagesse est aux côtés de Dieu, elle n'en demeure pas moins tournée vers les hommes. Elle trouve ses « délices » parmi eux (Pr 8, 31). Elle est à la fois en Dieu et avec les hommes. La sagesse divine s'offre à nous pour nous révéler le chemin de la vérité et de la justice. « L'homme participe à la sagesse et à la bonté du Créateur qui lui confère la maîtrise de ses actes et la capacité de se gouverner en vue de la vérité et du bien[2]. » Ainsi, la sagesse nous met à l'écoute de la volonté de Dieu pour acquérir le discernement, le sens du bien et du mal : « C'est vous, humains, que j'appelle. Ma voix s'adresse aux fils des hommes » (Pr 8, 4). La création tout entière est pénétrée de l'Esprit de Dieu qui gouverne la création par sa Providence « qui jamais ne se trompe en ses desseins[3] ». Pour l'homme de la Bible, la sagesse ici-bas est une participation à la vie de Dieu. La science qui en découle apparaît comme un idéal à atteindre.

Le rôle de la sagesse se révélera encore mieux aux yeux de l'homme si ce dernier n'oublie pas quelle est sa place au cœur de la création. La sagesse avec laquelle il est appelé à gouverner le monde et à gérer ses tâches temporelles répond à sa dignité de « seule créature sur terre que Dieu a voulue pour elle-même ». Le respect de la vie humaine, dès l'instant

---

1. *CEC* 216.
2. *CEC* 1954.
3. Prière d'ouverture du 9ᵉ dimanche du temps ordinaire.

de sa conception jusqu'au terme de son existence terrestre, la défense de la famille, le sens de l'éducation, de l'économie et du travail, ne sont pas seulement des engagements de société. Ce sont des appels de la sagesse divine à conduire notre vie selon la justice et la bonté instaurées par Dieu pour donner au monde ordre et cohérence.

Le don de sagesse et les autres dons

La sagesse de Dieu est à la fois nécessaire et inaccessible à l'homme. Il est impossible de l'acquérir par de simples déductions logiques. Elle est en elle-même une réalité divine, mystérieuse et cachée. Nous ne pouvons la concevoir que comme un don désiré et gratuit. La sagesse nous unit à la pensée de Dieu, à sa Providence et à son regard sur le monde. Dieu la communique par l'Esprit Saint aux hommes qui cherchent la vérité de tout leur cœur. Non pas aux «sages et aux savants» à la manière humaine, étouffés dans leurs certitudes, mais aux «petits» (Mt 11, 25).

Dans l'Écriture, l'esprit de sagesse s'attribue plusieurs qualités : le conseil, la crainte, l'intelligence, la connaissance (cf. Pr 8, 12-14). Dans la comparaison qu'il fait de la sagesse avec une maison solidement bâtie, l'auteur du livre des Proverbes évoque les «sept piliers» (Pr 9, 1) sur lesquels elle s'édifie.

Les Pères de l'Église ont confirmé cette unité des dons du Saint-Esprit et leur accomplissement dans le don de sagesse. «Nous nous élevons par la crainte jusqu'à la piété, écrit saint Grégoire le Grand [† 604]. Nous sommes conduits par la piété jusqu'à la connaissance. Nous sommes fortifiés par la connaissance pour avoir la force. Nous allons par la force jusqu'au conseil. Nous avançons par le conseil jusqu'à l'intelligence. Nous parvenons par l'intelligence à l'accomplissement de la sagesse. Nous montons par ces sept degrés jusqu'à la porte qui nous ouvre le chemin de la vie spirituelle[4].»

Le don de sagesse,
gardien de la vertu de charité

Dieu ne donne pas seulement une existence et une bonté aux êtres et aux choses, il leur donne une loi excellente. La perfection des êtres, selon la nature de chaque espèce, manifeste le caractère magnifique et parfait de la sagesse de Dieu, reflet de son amour pour le monde visible et invisible. Dieu rend l'homme participant de son dessein de sagesse qui règle, dirige et gouverne le monde, de telle sorte que l'homme puisse toujours aimer la création et s'en émerveiller davantage.

Le don de sagesse nous fait lire les signes de l'amour de Dieu, en nous et autour de nous. Il assure et purifie notre capacité humaine d'aimer en l'élevant à la perfection surnaturelle de l'amour divin. «Dieu est *Amour*», atteste saint Jean (1 Jn 4, 8.16). Le terme grec utilisé est *agapè*, traduit en latin par *caritas*, et en français par *charité*. Par nature, l'*agapè* n'est pas d'abord l'amour dont Dieu est aimé, mais l'amour dont il aime. Dieu seul peut aimer d'un amour qui dépasse tout désir. Son amour est source de vie. En nous aimant, non seulement Dieu nous maintient dans l'existence, mais Il «révèle son secret

4. Grégoire le Grand, *Homélies sur Ézéchiel*, II, 7, 7.

le plus intime : Il est Lui-même éternellement échange d'amour : Père, Fils et Esprit Saint, et Il nous a destinés à y avoir part[5] ».

L'apôtre saint Paul a donné un incomparable tableau de l'amour divin qui doit régner dans le cœur des fils de Dieu : « J'aurais beau parler toutes les langues de la terre et du ciel, si je n'ai pas la charité, s'il me manque l'amour, cela ne sert à rien. L'amour prend patience. L'amour rend service. L'amour ne jalouse pas. Il ne se vante pas. Il ne se gonfle pas d'orgueil. L'amour ne fait rien de malhonnête. Il ne cherche pas son intérêt, il ne s'emporte pas, il n'entretient pas de rancune, il ne se réjouit pas de ce qui est mal, mais il trouve sa joie dans ce qui est vrai. L'amour supporte tout, il fait confiance en tout, il espère tout, il endure tout. L'amour ne passera jamais » (1 Co 13, 1.3-8). Celui qu'anime l'esprit de sagesse, « *demeure* dans cet amour » (cf. Jn 15, 9). Celui-là refuse de pactiser avec l'égoïsme, la rancœur ou l'injustice.

Il revient au don de sagesse d'informer notre charité et de la mettre en œuvre pour manifester l'amour de Dieu tel que saint Paul nous le décrit. L'Esprit Saint en fait une réalité nouvelle pour notre existence. Car « l'homme ne peut vivre sans amour. Il demeure pour lui-même un être incompréhensible, sa vie est privée de sens s'il ne reçoit pas la révélation de l'amour, s'il ne rencontre pas l'amour, s'il n'en fait pas l'expérience et s'il ne le fait pas sien, s'il n'y participe pas fortement. C'est pourquoi, comme on l'a déjà dit, le Christ Rédempteur révèle pleinement l'homme à lui-même. Telle est, si l'on peut

---

5. *CEC* 221.

s'exprimer ainsi, la dimension humaine du mystère de la Rédemption. Dans cette dimension, l'homme retrouve la grandeur, la dignité et la valeur propre de son humanité. Dans le mystère de la Rédemption, l'homme se trouve créé de nouveau[6] ».

Le don de sagesse nous préserve de confondre la charité avec une simple philanthropie. Les fils de Dieu peuvent succomber à cette confusion. Il faut bien reconnaître que l'on a souvent confondu dans l'Église charité et solidarité. C'est une manière subtile de se détourner de Dieu en accordant tous les droits au prochain. Une communauté vouée uniquement à l'altruisme, au point d'oublier de rendre un culte au Dieu trois fois saint, n'est plus une Église. C'est une communauté qui se loue elle-même et ne manifeste plus l'amour de Dieu. Dans ces conditions, la pastorale risque de se limiter à la bienfaisance. Il est une époque, guère éloignée dans le temps, où l'évangélisation se complaisait dans le social. Il est vrai que dès les origines, il a toujours appartenu à l'Église de porter un secours matériel et moral aux hommes. Mais si, dans les Actes des Apôtres, «nul n'était dans le besoin» en raison du partage des biens, pour autant les premiers chrétiens ne manquaient pas de «rendre témoignage de la résurrection du Seigneur» (Ac 4, 32-35). Ainsi, lorsque la mission s'aligne sur les méthodes de la société, elle n'édifie plus le Royaume de Dieu. La mission se clôt sur elle-même et perd de vue le visage du Christ.

Sous l'influence de l'Esprit Saint, nous sommes appelés à aimer chaque homme d'une façon entière-

---

6. JEAN-PAUL II, lettre encyclique *Le Rédempteur de l'homme*, 10.

ment nouvelle. La charité s'oppose à toutes formes d'individualisme et d'autosuffisance quand chacun cherche à tirer profit de l'autre en vue de ses seuls intérêts personnels. Concrètement, cela veut dire considérer l'autre (l'enfant à naître, celui qui ne partage pas les mêmes opinions que moi, le vieillard, le SDF...) comme «l'un des nôtres, [...] un don pour moi, [... à qui il faut] donner une place[7]».

La cellule primordiale de toute charité, c'est la famille. La capacité pour l'Église de vivre la charité, est liée à la charité au sein de chaque famille, où chacun se reçoit comme un don de Dieu. Dans le domaine de l'amour, n'est authentique que ce qui est accompli pour Dieu, avec Dieu et par Dieu.

Encore l'acédie

L'acédie n'est pas seulement un vice dressé contre la vertu d'espérance, laquelle, on l'a vu, a le don de connaissance (ou de science) comme gardien. L'acédie est également un péché contre la charité et contre la joie qui découle de l'union à Dieu. Ce péché est d'autant plus grave qu'il récuse la sagesse inscrite par Dieu dans l'univers pour conduire l'homme au vrai bonheur. L'acédie s'oppose à la sagesse divine cachée dans la loi naturelle alors qu'elle seule peut combler l'aspiration de l'homme à la béatitude. Au lieu d'être accomplis avec amour et joie comme autant de réponses données à Dieu et inspirées par le don de sagesse, les petits actes quotidiens le sont avec tristesse et dégoût.

Une société qui considère la loi morale inhérente à

---

7. ID., *Au début du troisième millénaire*, 43.

la nature humaine – «aime et fais le bien, et évite le mal» –, comme une tare congénitale dont il faut se débarrasser, conduit ses membres à l'acédie. Là où le pragmatisme idéologique est préférable à l'éducation et à l'éveil de la conscience, là où la bio-industrie a plus de valeur que la personne humaine, là où le non-sens est préférable à la quête de vérité, l'acédie règne. La vérité sur l'homme, sur la vie, sur la famille, devient intolérable. Il est trop fatigant d'éduquer les enfants au respect de l'autre, au sens de l'effort et à la liberté intérieure. Il est trop exigeant que l'homme soit sur «terre la seule créature que Dieu a voulue pour elle-même [et qui] ne peut pleinement se trouver que par le don désintéressé de lui-même[8]». Encore aimer son prochain, encore faire le bien, encore être honnête, encore respecter la vie, encore être fidèle, encore rendre service, encore, encore, encore! Ce rejet des lois morales qui transcendent l'individu et qui constituent son humanité, est en définitive autant une révolte contre la sagesse de Dieu qu'une rébellion contre le sens de l'homme. Ce sont les signes d'une démission de la volonté, d'une absence de forces et de motivations, bref d'une incertitude perpétuelle qui sape les meilleurs élans de l'âme dès leur apparition.

Dans ces conditions, l'acédie touche la mission personnelle que Dieu confie à chacun dans sa sagesse. Jean-Pierre, prêtre diocésain d'une petite ville de province et de ses «trente-deux clochers», témoigne. «Une quinzaine d'années après mon ordination, mon ministère avait de moins en moins d'évidence dans ma vie. L'amour avec lequel je célébrais

---

8. CONCILE VATICAN II, Constitution pastorale *Gaudium et spes*, 24.

l'eucharistie et préparais les paroissiens aux sacrements, s'émoussait avec le temps. Je ne disais quasiment plus l'office, je n'avais plus de vie intérieure. Je fuyais dans l'activisme pour me donner l'illusion de faire mon boulot. Mon célibat m'apparaissait comme un gâchis. Je croyais que je ne *pouvais* pas m'en sortir, alors qu'en fait je ne *voulais* pas m'en sortir. Je consentais à cette paresse spirituelle. Dans cette cuisson, l'idée de rester aimé de Dieu, d'être appelé, d'être pardonnable et d'avoir besoin de sa miséricorde, me coûtait énormément. L'amour de Dieu, au lieu d'être un chemin de liberté, était devenu pour moi l'impasse absolue ! Dieu était partout et j'en avais assez de le savoir toujours là. Je me suis accroché sans très bien savoir comment. Jusqu'au jour où ce verset du psaume m'a secoué : "Alors que s'aigrissait mon cœur, Toi, Seigneur, tu m'as saisi par la main" (Ps 73[72], 21.23). Beaucoup de chrétiens pensent que ce genre de crise ne vise que les religieux et les prêtres. C'est un tort, car elle touche également beaucoup de laïcs. Depuis ma traversée du désert, je m'efforce d'être à leur écoute avec une disponibilité nouvelle, entièrement motivée par l'amour du Christ pour eux. »

Le don de sagesse est l'antidote à l'acédie. Il donne sens à notre agir en nous faisant tendre vers la sainteté. Quand le dégoût vous prend et vous donne envie de fuir, une seule consigne : pas de panique ! S'en aller, recommencer ailleurs ce que l'on n'a pas achevé ici, est un leurre. Même si une voix siffle au fond de vous : « Tu t'es trompé, tu t'es trompée… », restez là, que personne ne bouge ! Contre le dégoût et l'effet de serre intérieur, seule la saveur des choses divines que le don de sagesse active en nous, peut donner du sel à notre vie. La sagesse est la science

aimée qui nous fait «goûter comme est bon le Seigneur» (Ps 34 [33], 9) et qui nous permet de «juger
de tout» (1 Co 2, 15) à la lumière des réalités vou-
lues par Dieu pour nous rendre vraiment libres.

Don de sagesse et don de soi

Gardien de la vertu théologale de charité, le don de
sagesse nous éclaire avec certitude sur les actes à poser
en vue de garder et de pratiquer «le commandement
nouveau», de nous aimer les uns les autres comme le
Christ nous a aimés (cf. Jn 13, 34; 15, 12).

Saint Paul nous commande de «revêtir les mêmes
sentiments qui sont dans le Christ Jésus» (Ph 2, 5),
lui qui est «Sagesse de Dieu» (1 Co 1, 24.30): «Ayez
les uns pour les uns les autres le même amour, nous
dit-il. N'accordez rien à l'esprit de parti, rien à la
vaine gloire, que chacun songe à l'intérêt de l'autre»
(Ph 2, 3-4).

En examinant de plus près la pensée de saint Paul,
nous constatons que les «sentiments du Christ» ne
peuvent être réduits à de simples états d'âme. Ses
«sentiments» révèlent son incarnation, sa *kénose*, le
don total de sa personne. À la suite du Christ, il n'y a
d'amour possible que dans un «oui», fidèle et généreux. Rien n'est plus illusoire que de fonder sa vie sur
l'égoïsme et l'autosuffisance. Nos sociétés, détermi-
nées par l'hédonisme et le plaisir immédiat, oublient la
nécessité pour l'homme de s'ouvrir au sens de son
existence en se *donnant*, signe de sa liberté et de sa
maturité. «Aimer, c'est tout donner et se donner soi-
même[9]», répétait sainte Thérèse de l'Enfant-Jésus.

---

9. Poésie 54, 22, 3.

En se donnant, l'homme consent à atteindre la plénitude de son être. Il entre dans une relation nouvelle, avec Dieu, avec les autres et avec lui-même. Il n'est plus isolé dans les limites de sa finitude. Son existence devient plus riche et plus féconde. Elle s'ouvre sur le mystère de l'alliance entre Dieu et l'humanité.

Alors que l'esprit du monde fait dire à l'homme emprisonné dans son individualisme : « Je fais ce que je veux, si je veux, quand je veux, où je veux, donc je suis libre », l'Esprit Saint fait dire aux membres du Christ : « Je me donne, donc je suis. » L'Esprit nous conduit à faire de l'amour-don l'accomplissement de notre humanité. Lorsque deux époux réalisent tous les jours de leur vie, à travers la fidélité, la tendresse et le pardon, les paroles qu'ils se sont échangées le jour de leur mariage – « Je me donne à toi pour t'aimer toujours » –, ils le font sous la motion de l'esprit de sagesse qui leur donne d'accueillir leur amour et ses exigences comme un authentique chemin de liberté et d'humanité. « Donc, enseigne saint Bonaventure, ne goûtez pas à [l'esprit] de la terre, car le Christ a été crucifié pour l'anéantir. De même que le Christ est mort pour anéantir et perdre la vaine sagesse, de même il est ressuscité et il est monté au ciel pour enseigner la vraie sagesse et l'établir dans nos cœurs [10]. »

À l'aube du IIIe millénaire, la mission de l'Église est d'éveiller la conscience de l'homme vers le mystère de l'Incarnation. Remplie de l'esprit de sagesse, l'Église annonce une vérité immuable et universelle : le Christ est l'origine, le point central et le but de

---

10. *Les Sept Dons du Saint-Esprit*, op. cit., p. 185.

toute destinée humaine. Elle en appelle au sens
ultime et définitif de l'existence humaine fondé sur le
Christ, «l'Homme Nouveau» (cf. Col 3, 9-10;
Ep 4, 24). Celui qui veut conformer ses pensées, ses
paroles et ses actes, à cette révélation qui le dépasse
et le rejoint en même temps, a besoin de l'esprit de
sagesse. Il met en nous l'ardent désir d'entrer dans le
«oui» du Christ, condition de notre humanité et de
notre liberté. Si nous laissons ce processus se réaliser
profondément en nous, il se produira alors non seulement des fruits d'adoration envers Dieu, mais également de profond émerveillement à l'égard de nous-
mêmes[11].

Don de sagesse et contemplation

«À cause de sa transcendance, Dieu ne peut être
vu tel qu'il est que lorsqu'Il ouvre Lui-même son
mystère à la contemplation immédiate de l'homme et
qu'Il lui en donne la capacité[12].» Le verbe «contempler» nous renvoie à la double idée d'observation et
de silence, le tout dans un climat de paix et de joie.
La contemplation est tout à la fois le fruit de l'écoute
de la Parole de Dieu et de sa méditation dans la
prière. Elle peut s'exprimer de plusieurs manières,
selon l'état de vie propre à chacun. Dans tous les cas,
elle est une présence amoureuse au Christ qui met
en œuvre sa vie en nous. La contemplation nous
unifie, elle nous stabilise dans le bien et la paix que
Dieu veut pour le monde.

---

11. Cf. JEAN-PAUL II, lettre encyclique *Le Rédempteur de
l'homme*, 10.
12. *CEC* 1028.

Une telle action dépasse l'intelligence et les seules forces humaines. Aussi la contemplation résulte-t-elle du don de sagesse qui dispose l'homme à entrer dans les vues de Dieu. L'Écriture en parle en termes de paix, de lumière, de vie, et surtout de regard d'amour posé au-delà de ce qui est visible et sensible. «Ce que l'œil n'a pas vu, ce que l'oreille n'a pas entendu, ce qui n'est pas monté au cœur de l'homme, tout ce que Dieu a préparé pour ceux qui l'aiment» (1 Co 2, 9), voilà ce que le contemplatif saisit grâce au don de sagesse.

Ce que le don d'intelligence nous fait comprendre, le don de connaissance nous le fait désirer comme une vérité d'amour et d'infini. Et ce que le don de connaissance nous fait désirer, le don de sagesse nous le fait aimer et contempler. La contemplation n'a rien à voir avec une inertie de l'âme et du corps, ni avec une désertion des défis que lancent à l'Église le monde et la société. Au contraire, le baptisé doit se livrer à la contemplation comme une nécessité pour une vie chrétienne vraiment filiale et consciente. Pour y parvenir, le don de sagesse fait de sa vie une adoration chargée de fidélité et d'amour.

La contemplation parfaite et définitive du Dieu Père, Fils et Saint-Esprit aura lieu au ciel, là où «les bienheureux continuent d'accomplir avec joie la volonté de Dieu par rapport aux autres hommes et à la création tout entière[13]». Mais dès ici-bas, la contemplation est une exigence dans la vie spiri-tuelle des enfants de Dieu et dans la mission de l'Église. Pour réaliser sa mission d'évangélisation, l'Église ne doit pas chercher à convaincre les

---

13. *CEC* 1029.

hommes en alignant son discours et sa pastorale sur des moyens immédiats et séduisants. La force missionnaire de l'Église vient de sa contemplation, c'est-à-dire de son regard porté sur le Seigneur et l'écoute vigilante et filiale de sa Parole. En effet, «notre témoignage se trouverait appauvri d'une manière inacceptable si nous ne nous mettions pas d'abord nous-mêmes à contempler le visage du Christ. C'est vers [le] Ressuscité que désormais l'Église a les yeux fixés[14]», lui qui nous est révélé dans les Évangiles, et que nous touchons dans les sacrements.

La contemplation doit sans cesse être nourrie de son objet. La contemplation est le fruit de l'oraison. L'oraison, de la méditation. La méditation, de la lecture priée de la Parole de Dieu. *Lectio, meditatio, oratio, contemplatio,* sont les quatre degrés de toute vie spirituelle. Il est important de les distinguer pour mieux les unir l'un à l'autre. Le progrès de l'un par sa mise en œuvre fidèle développe les autres.

Ce que nous contemplons, nous devons en témoigner par toute notre existence. Pas seulement par des paroles, mais par un style de vie, une spiritualité baptismale, des valeurs humaines inspirées de l'Évangile. Pour mener à son terme notre contemplation du Christ, le don de sagesse, si proche du don de conseil, nous éclaire sur les choix moraux décisifs à poser de manière concrète pour témoigner que l'existence humaine est fondée sur le Christ, en qui et par qui nous sommes (cf. Col 3, 9-10 ; Ep 4, 24). Le don de sagesse nous aide à purifier notre cœur de ses instincts blessés par le péché originel et à rechercher

---

14. JEAN-PAUL II, *Au début du troisième millénaire,* 16 et 28.

l'amour de Dieu par-dessus tout. Il nous enseigne que le véritable bonheur humain ne repose ni sur la richesse matérielle, ni dans la gloire terrestre ou la puissance, ni dans aucune œuvre humaine, si utile et belle soit-elle, mais en Dieu seul, source de tout bien et de tout amour.

Don de sagesse et sainteté

La perspective vers laquelle s'oriente en définitive le don de sagesse est la sainteté. Le don de sagesse est comme l'âme de la sainteté à laquelle nous sommes tous appelés : « Soyez saints, comme moi je suis saint ! » (Lv 19, 2 ; 1 P 1, 16). Cette vocation a été largement rappelée lors du concile Vatican II dont la constitution dogmatique sur l'Église, *Lumen gentium*, consacre un chapitre entier à l'appel universel à la sainteté. Or, à l'issue du Concile, ce chapitre est passé inaperçu et a été très peu médité : la sainteté, à l'heure du nucléaire et en pleine révolution sociale, ne retenait pas beaucoup l'attention. La retient-elle davantage à l'heure actuelle ?

Car aujourd'hui encore, la sainteté « pourrait sembler quelque chose de peu opérationnel[15] ». Or, la sainteté est une vocation, un appel vivant et concret que nous ne pouvons refuser sans refuser du fait même la plénitude de notre être. Là où il y a de la sainteté, il y a plus d'humanité. Vouloir être saint, c'est vouloir vivre d'une humanité sauvée.

La sainteté n'isole pas les baptisés du reste des hommes. Le Concile va jusqu'à dire que la sainteté revêt au contraire une dimension sociale et politique

---

15. JEAN-PAUL II, *Au début du troisième millénaire*, 31.

de première importance : «Dans la société terrestre même, cette sainteté contribue à promouvoir plus d'humanité dans les conditions d'existence [...]. Tous les fidèles du Christ, quel que soit leur état ou leur rang[16], sont appelés à la plénitude de la vie chrétienne et à la perfection de la charité[17].» «Les voies de la sainteté sont multiples et adaptées à la vocation de chacun[18].»

Lors d'une séance de catéchisme, on demandait à des enfants de réfléchir afin de comprendre comment sainte Thérèse de l'Enfant-Jésus, entrée au carmel de Lisieux à l'âge de quinze ans en 1888, morte à vingt-quatre ans en 1897, canonisée en 1927, déclarée docteur de l'Église en 1997, avait pu devenir sainte et rayonner sur le monde entier en si peu de temps. Martin, neuf ans, répondit : «Cherchez pas, madame, c'est le Saint-Esprit qui a fait ça.»

C'est exact. Le Saint-Esprit est donné au baptême pour éclairer et sanctifier la vie des enfants de Dieu à la lumière de la sagesse divine. «Si le Baptême fait vraiment entrer dans la sainteté de Dieu au moyen de l'insertion dans le Christ et de l'inhabitation de son Esprit, ce serait un contresens que de se contenter d'une vie médiocre, vécue sous le signe d'une éthique minimaliste et d'une religiosité superficielle. Demander à un catéchumène : "Veux-tu recevoir le Baptême ?" signifie lui demander en même temps : "Veux-tu être saint[19] ?"»

Par la grâce du baptême, le don de sagesse est

---

16. Et leur âge. (N. d. A.)
17. *Lumen gentium*, 40.
18. JEAN-PAUL II, *Au début du troisième millénaire*, 31.
19. *Ibid.*, 31.

comme le «pédagogue de la sainteté[20]». C'est en
éveillant notre conscience morale que le don de
sagesse devient pour nous le pédagogue de la sainteté. Le concile Vatican II a clairement redéfini la
conscience comme la «voix, qui ne cesse de presser
[l'homme] d'aimer et d'accomplir le bien et d'éviter
le mal, [et qui] au moment opportun résonne dans
l'intimité de son cœur: "Fais ceci, évite cela." C'est
une loi inscrite par Dieu au cœur de l'homme; sa
dignité est de lui obéir. La conscience est le centre le
plus secret de l'homme, le sanctuaire où il est seul
avec Dieu et où sa voix se fait entendre[21].» Certes,
l'homme qui perçoit cette orientation dans l'intime
de sa conscience ne l'identifie pas nécessairement
comme l'appel de Dieu. Mais s'il y consent, il fait
une expérience du don de sagesse.

Ce que les saints ont le plus aimé, ce ne sont pas
leurs œuvres, mais la vie et l'action de Dieu en eux.
Tous, à leur manière, ont fait l'ardente expérience
que le don de sagesse est un don pour aimer. Alors,
pourquoi pas nous?

Prière pour demander le don de sagesse

Dieu de nos pères et Seigneur de miséricorde;
par ta Parole, tu as fait l'univers
et par ta Sagesse, tu as formé l'homme à ton image.
Tu l'appelles à dominer sur les créatures
que tu lui as confiées,
à ordonner le monde en sainteté et justice
et à exercer le jugement avec droiture.
Mais qui peut connaître ta volonté, Seigneur?

---

20. *Ibidem.*
21. *Gaudium et spes*, 16.

Qui peut concevoir ce que tu désires ?
Les pensées des hommes sont hésitantes,
leurs réflexions, changeantes et lourdes.
Ta volonté, qui pourrait la connaître
si tu ne donnais ta Sagesse
et, d'en haut, ton Esprit de sainteté ?
Donne-moi la sagesse qui vient d'auprès de toi.
De ton trône de gloire, envoie-la
pour que je sache vraiment ce qui te plaît.
Ta Sagesse me guidera.
Remplis-moi de toi, Seigneur,
afin que ma sagesse soit un reflet de ta Sagesse !
Amen.

(D'après Sg 9, 1-18.)

CONCLUSION

UNE FOIS SEPT ÉGALE UN

«Il n'y a qu'un seul Esprit, comme il n'y a qu'une espérance au terme de l'appel que vous avez reçu» (Ep 4, 4). En ces termes, saint Paul annonce que seule la vie dans l'Esprit Saint accomplit la vocation de l'homme. Toute notre existence doit être parcourue par le dynamisme de l'Esprit.

«Il n'y a qu'un seul Esprit.» De même, chaque personne humaine est unique et ne peut être remplacée par aucune autre. Unique, et cependant faite de sensibilité, d'affectivité, d'émotions, d'intelligence, d'imagination, de volonté, etc. qui l'animent, l'unifient et la distinguent de toutes les autres. Parce que la personne est ainsi habitée de motions différentes, on peut parler de sept dons du Saint-Esprit. L'Esprit oriente chacune de ces facultés vers leur perfection. L'Esprit les ordonne en vue de la vocation ultime de la personne à agir droitement et à accomplir le bien en réponse à sa vocation à la charité et à la sainteté.

L'Esprit est un, et pourtant il importe de distinguer ses sept dons. Si chacun est différent de l'autre, c'est parce qu'il agit d'une manière particulière sur un aspect de notre être. Ils sont distincts, mais néanmoins inséparables. Ils s'appellent et se confirment les uns les autres.

Les dons du Saint-Esprit ne font pas double emploi avec les vertus théologales et cardinales, mais ils en sont les gardiens. Notre nature humaine est limitée, freinée par des forces intérieures qui l'empêchent d'aimer, de comprendre, de croire, de se parfaire. Or, dans une circonstance précise et particulière, l'Esprit nous aide à aimer, à comprendre, à croire et à nous parfaire. Il nous libère du joug du péché. Notre corps, notre cœur et notre esprit sont tour à tour irradiés par l'Esprit qui produit en nous des fruits de «charité, joie, paix, longanimité, esprit de service, bonté, confiance dans les autres, douceur, maîtrise de soi» (Ga 5, 22). «Tout cela, c'est l'unique Esprit qui l'opère, distribuant ses dons à chacun en particulier, comme il l'entend» (1 Co 12, 11).

Les dons du Saint-Esprit «complètent et mènent à leur perfection les vertus de ceux qui les reçoivent[1]». Sur le plan surnaturel, les vertus de foi, d'espérance et de charité «adaptent les facultés de l'homme à la participation de la nature divine[2]». Sur le plan naturel, les vertus sont des «attitudes fermes, des dispositions stables, des perfections habituelles[3]» qui orientent les facultés de l'être vers l'amour de Dieu, du prochain et de soi. La prudence est l'expression d'un amour qui choisit avec sagesse. La justice, celle d'un amour qui sert. La force est l'expression d'un amour qui supporte tout. La tempérance, celle d'un amour qui modère l'attrait des plaisirs de l'esprit et de la chair pour mieux s'offrir à l'être aimé. «Bien vivre n'est autre chose qu'aimer Dieu de tout son

1. *CEC* 1831.
2. *CEC* 1812.
3. *CEC* 1804.

cœur, de toute son âme et de tout notre agir. On lui conserve un amour entier (par la tempérance) que nul malheur ne peut ébranler (ce qui relève de la force), qui n'obéit qu'à Lui seul (et ceci est la justice), qui veille pour discerner toutes choses de peur de se laisser surprendre par la ruse et le mensonge (et ceci est la prudence)[4]. » Saint Augustin résume ainsi le fait que les vertus cardinales mettent nos actes en harmonie, non seulement avec notre perfection naturelle, mais aussi avec notre fin surnaturelle – « aimer Dieu ». Dans ce but, les dons du Saint-Esprit jouent un rôle essentiel puisqu'ils nous aident à poser des actes parfaits. Ils donnent à notre volonté et à notre intelligence une mesure divine.

Si les dons du Saint-Esprit nous sont donnés, il faut consentir à les recevoir. Dieu donne davantage dans la mesure où nous désirons les biens qu'il nous promet. Les dons de crainte, de piété, de conseil, de force, d'intelligence, de connaissance et de sagesse sont accordés avec largesse à ceux qui les désirent et les demandent par amour de Dieu et de leur vocation.

La Sainte Vierge est le modèle de docilité aux dons du Saint-Esprit. Dans les litanies, elle est invoquée sous de multiples titres, et particulièrement ceux qui relèvent de l'action salvatrice de l'Esprit et de ses dons. Marie est « Mère très pure » (don de crainte et vertu de tempérance), « Mère du bon conseil » et « Vierge très prudente » (don de conseil et vertu de prudence), « Vierge fidèle » (don d'intelligence et vertu de foi), « Tour de David » (don et vertu de

---

4. Saint AUGUSTIN, *De moribus Ecclesiæ catholicæ*, I, 25, 46, cité dans : *CEC* 1809.

force), «Miroir de la justice» (don de piété et vertu de justice), «Trône de la sagesse» (don de sagesse et vertu de charité), «Porte du ciel» (don de connaissance et vertu d'espérance).

Ainsi, le «oui» de Marie nous montre qu'une entière disponibilité à l'œuvre de la grâce est possible. À sa suite, toute notre existence peut et doit se dérouler sous l'influence de l'Esprit.

L'Église n'en sera que plus missionnaire de la sainteté de chacun d'entre nous.

Veni, *Creator Spiritus,*
mentes tuorum visita,
imple superna gratia,
quæ tu creasti pectora.

Viens en nous, Esprit Créateur,
visite les âmes de tes fidèles,
emplis de la grâce d'en haut
les cœurs que tu as créés.

Qui diceris Paraclitus,
donum Dei altissimi,
fons vivus, ignis, caritas
et spiritalis unctio.

Toi qu'on appelle Conseiller,
don du Seigneur de Majesté,
source vive, feu, charité,
toi qui es onction spirituelle.

Tu septiformis munere,
dexteræ Dei tu digitus,
tu rite promissum Patris,
sermone ditans guttura.

Toi, le donateur aux sept dons,
puissance de la main de Dieu,
toi que le Père avait promis,
qui fais jaillir notre louange.

Accende lumen sensibus,
infunde amorem cordibus,
infirma nostri corporis,
virtute firmans perpeti.

Mets ta lumière en nos esprits,
répands ton amour en nos cœurs,
et que ta force sans déclin
tire nos corps de leur faiblesse.

Hostem repellas longius
pacemque dones protinus,
ductore sic te prævio
vitemus omne noxium.

Repousse l'Adversaire au loin,
sans tarder donne-nous la paix,
ouvre devant nous le chemin,
que nous évitions toute faute.

Per te sciamus da Patrem, Fais-nous connaître Dieu le Père,
noscamus atque Filium,   fais-nous apprendre aussi le Fils
te utriusque Spiritum,   et croire en tout temps que tu es
credamus omni tempore.   l'unique Esprit de l'un et de
                           l'autre.

Amen.   Amen.

TABLE DES MATIÈRES

INTRODUCTION: «IL SAIT TOUT CE QUE TU NE SAIS PAS» 9

1. ESPRIT, ES-TU LÀ? 13

De six à sept 13
Le don par excellence 14
Les dons du Saint-Esprit ont leur racine dans le baptême 15
L'Esprit Saint fait grandir en nous les vertus théologales 18
Les dons du Saint-Esprit, gardiens des vertus . . . 21
Les dons du Saint-Esprit et l'Église 23

2. LE DON DE CRAINTE 27

Un mot à double tranchant 27
Les trois sources de la crainte de Dieu 29
Crainte et adoration 33
Le don de crainte purifie notre conscience 35
Le don de crainte est le gardien de la vertu de tempérance 37
Prière pour demander le don de crainte 39

3. LE DON DE PIÉTÉ 41

La piété dans l'Écriture 41
Superstition, astrologie et *New Age* 43

Être juste envers Dieu et le prochain   45

L'expérience de la prière   48

Prière et humilité   50

« Abba ! Père ! »   52

Les fruits du don de piété   54

Prière pour demander le don de piété   55

4. LE DON DE CONSEIL   57

« Seigneur, à qui irions-nous ? »   57

Le don de conseil évangélise nos choix   59

« Maître, que dois-je faire de bon ? »   62

Demandez conseil à votre père spirituel habituel   65

Conseil et prudence   67

Prière pour demander le don de conseil   68

5. LE DON DE FORCE   69

La sérénité du Christ   69

L'effort des forts   71

Être fort, c'est possible   72

La « *parrhèsia* »   74

La conversion   76

Prière pour demander le don de force   78

6. LE DON D'INTELLIGENCE   81

« Une inspiration secrète »   81

Du visible à l'invisible   82

Le don d'intelligence, gardien de la vertu théo-
    logale de foi   83

« Il ouvrit leur cœur à l'intelligence des Écritures »   87

L'intelligence des sacrements   90

« Homme de peu de foi… »   93

Prière pour demander le don d'intelligence   95

7. LE DON DE CONNAISSANCE   97

   « Connais-toi toi-même »   97
   Le don de connaissance fait de nous des témoins
       de l'espérance   99
   La tentation du scepticisme   102
   L'acédie   106
   Prière et vocation   109
   Prière pour demander le don de connaissance . . .   113

8. LE DON DE SAGESSE   115

   L'art d'être sage   115
   Dieu seul est Sage   116
   Le don de sagesse et les autres dons   118
   Le don de sagesse, gardien de la vertu de charité   119
   Encore l'acédie   122
   Don de sagesse et don de soi   125
   Don de sagesse et contemplation   127
   Don de sagesse et sainteté   130
   Prière pour demander le don de sagesse   132

CONCLUSION : UNE FOIS SEPT ÉGALE UN   135

Achevé d'imprimer sur rotative
par l'Imprimerie Darantiere à Dijon-Quetigny
en décembre 2006

Dépôt légal : avril 2006
N° d'impression : 26-1928

Imprimé en France